Heinz Frisch, Erwin Lösch, Erich Renner

Metalltechnik
Lernfelder 2 bis 4

Lernsituationen, Technologie, Technische Mathematik

Arbeitsheft

5. Auflage

Bestellnummer 42021

Bildungsverlag EINS
westermann

Vorwort

Die Lernsituation Bohrvorrichtung S. 29 ff. entspricht in Art und Schwierigkeitsgrad der Abschlussprüfung Teil 1. Damit haben Sie die Möglichkeit, die Vorrichtung als Prüfungsvorbereitung komplett zu fertigen.

Quellenverzeichnis

Den nachfolgend aufgeführten Firmen danken wir für die Überlassung von Informationsmaterial, Fotos, Vorlagen und fachliche Beratung:

Alzmetall GmbH & Co. KG, 83352 Altenmarkt (S. 77, 78, 79, 80, 84)
August Beck GmbH & Co. KG, 72471 Winterlingen (S. 26 unten rechts)
AXA Entwicklungs- und Maschinenbau GmbH, 48624 Schöppingen (S. 46 oben)
Fette Werkzeugtechnik GmbH & Co. KG, 21493 Schwarzenbek (S. 62)
Bildungsverlag EINS GmbH, Köln (S. 29, 46 Mitte, 60 oben links, 61 oben links, 88 oben, 92)
Hoffmann GmbH, Qualitätswerkzeuge, 82141 München (S. 26, 27, 28)
Kunzmann Maschinenbau GmbH, 75196 Remchingen (S. 59)
Optimum Maschinen Germany GmbH, 96103 Hallstadt (S. 39, 40)
Mahr GmbH, 73728 Esslingen (S. 16, 17, 18, 19, 21, 56, 67)
Röhm GmbH, 89567 Sontheim (S. 46 unten, 47, 48)
Wanzl Metallwarenfabrik GmbH, 89340 Leipheim (S. 60, 61)

service@bv-1.de
www.bildungsverlag1.de

Bildungsverlag EINS GmbH
Ettore-Bugatti-Straße 6-14, 51149 Köln

ISBN 978-3-427-42021-7

westermann GRUPPE

Inhaltsverzeichnis

Lernfeld 2	

1	ISO-Toleranzen	5
	Problemstellung	5
	A Passmaß	5
	B Beispiele für ISO-Passmaße	7
	C Leseregeln für ISO-Passmaße	8
	D ISO-Grundtoleranzen	9
	E Passungsarten	10
	F Berechnungen an Passungen	11
	G Erkenntnisse	13
	H Passsysteme	14
	I Passungsauswahl	14

2	Prüfen (Feinmessen)	15
	Problemstellung	15
	A Grundbegriffe	15
	B Signalverarbeitung	16
	C Prüfmittelüberwachung	17
	D Mechanische Feinmessgeräte	17
	E Pneumatische Feinmessgeräte	18
	F Elektronische Längenmessgeräte	19
	G Wahl der Messgeräte	20

3	Prüfen mit Endmaßen	21
	Problemstellung	21
	A Einsatz von Endmaßen	21
	B Genauigkeit von Endmaßen	22
	C Arbeitsregeln	22

4	Bohren – Senken – Reiben	23
	Problemstellung	23
	1 Bohren	23
	A Spiralbohrer	23
	B Drall und Bohrerverwendung	23
	C Spitzenwinkel	24
	D Querschneide	24
	E Schleiffehler	25
	F Bohrerwerkstoff	25
	G Weitere Bohrwerkzeuge	26
	2 Senken	26
	A Aufsenken (Aufbohren)	26
	B Profilsenken (Ansenken, Einsenken)	27
	C Plansenken (Flachsenken)	27
	3 Reiben	28
	A Zweck	28
	B Werkstoffzugabe	28
	C Reibahlen	28
	D Zahnteilung bei Reibahlen	28
	E Arbeitsregeln	28

5	Lernsituation: Bohrvorrichtung	29
	Information, Planung, Ausführung, Kontrolle, Bewertung	29
	Übungen am Drehzahldiagramm	38

6	Drehen	39
	Problemstellung	39
	1 Aufbau einer konventionellen Drehmaschine	39
	A Drehmaschinen	39
	B Drehmaschinengröße	40
	C Werkzeugschlitten	40
	D Zug- und Leitspindel	40
	E Reitstock	40
	2 Drehmeißel	41
	A Arten der Drehmeißel	41
	B Formen der Drehmeißel	41
	C Schneidstoffe von Drehmeißeln	43
	3 Flächen und Winkel an Drehmeißeln	43
	A Flächen an der Drehmeißelschneide	43
	B Winkel an der Drehmeißelschneide	43
	C Spanungsquerschnitt	45
	4 Spannmittel für Werkzeuge und Werkstücke	46
	A Spannvorrichtung für Drehmeißel	46
	B Spannfutter	46
	C Planscheibe	47
	D Spannen zwischen Spitzen	48
	5 Kegeldrehen	49
	A Herstellungsverfahren	49
	B Oberschlittenverstellung und Leitlineal	50
	C Reitstockverstellung	51
	D Kegeldrehen mit CNC-Drehmaschinen	51

7 Lernsituation: Spannschraube 52
Information, Planung, Ausführung, Kontrolle, Bewertung 52
   A Gewindesteigung und Vorschub 53
   B Arbeitsregeln 53

8 Fräsen 58
Problemstellung 58
   A Aufbau einer konventionellen Universal-Fräsmaschine 59
   B Arten des Fräsens 60
   C Umfangsfräsen (Walzfräsen) 60
   D Stirnfräsen 61
   E Schnittgeschwindigkeit und Vorschub 61
   F Spannwerkzeuge 62

9 Lernsituation: Schieber 63
Information, Planung, Ausführung, Kontrolle, Bewertung 63

Lernfeld 3

1 Grundlagen des kraft-, stoff- und formschlüssigen Fügens 68
Überlegung 68
   A Überblick 68
   B Kraftschluss 69
   C Stoffschluss: Schweißen 70
   D Stoffschluss und Kohäsion 70
   E Stoffschluss: Kleben 71
   F Stoffschluss und Adhäsion 71
   G Stoffschluss: Löten 72
   H Formschluss 73
   I Formschluss: Stifte 73
   J Kopfformen von Schrauben 74
   K Festigkeitsklassen von Schrauben 74
      • Berechnungen zur Reibungskraft 75
      • Berechnungen zum Drehmoment 76

Lernfeld 4

1 Lernsituation: Warten einer Säulenbohrmaschine 77
Information, Planung, Ausführung, Kontrolle, Bewertung 77
   A Dokumentation, Funktion und Ausstattung der Bohrmaschine 77
   B Wartung von Maschinen 80
   C Schmierung und Schmierstoffe 81
   D Berechnungen zur Reibungskraft mit und ohne Schmierung 85

2 Grundlagen der Haltbarkeit von Bauteilen 88
Problemstellung 88
   A Ursachen für Maschinenschäden 88
   B Arten der Belastung 89
   C Kerbwirkung 89
   D Dauerschwingversuch 90
   E Wirtschaftliche Folgen von Maschinenschäden 91

3 Korrosion und Korrosionsschutz 92
Problemstellung 92
  1 Korrosion 92
   A Begriff und Arten der Korrosion 92
   B Chemische Korrosion 93
   C Elektrochemische Korrosion 94
  2 Korrosionsschutz 95
   A Möglichkeiten des Korrosionsschutzes 95
   B Nichtmetallische Überzüge auf Stahl 95
   C Metallische Überzüge auf Stahl 95
   D Schmelztauchen 96
   E Galvanisieren 96
   F Diffundieren (Diffusionsverfahren) 96
   G Verletzung des Metallüberzugs 97
   H Anodisieren (Eloxieren) von Aluminium 97
   I Korrosionsvorbeugung bei Konstruktion und Bau 97
      • Preis- und Prozentrechnung 98

4 Grundlagen der Elektrotechnik 99
Problem: Leben ohne elektrischen Strom? 99
   A Elektrischer Strom und elektrische Leiter 99
   B Stromkreis 100
   C Erzeugung von elektrischer Spannung 101
   D Verteilung von elektrischer Spannung 102
   E Chemische Spannungserzeugung 103
   F Reihenschaltung und Parallelschaltung 104
   G Leistung und Arbeit 105
   H Fehlerquellen an elektrischen Anlagen 106
   I Sicherheitsvorkehrungen 106
      • Berechnungen zum ohmschen Gesetz 107
      • Berechnungen zur elektrischen Leistung 107
      • Berechnungen zur elektrischen Arbeit 108

Problemstellung:

Maschinenbaubetriebe produzieren nicht sämtliche Teile der Maschinen, die sie herstellen.
Beispiel: Eine Automobilfabrik bezieht die Wälzlager für ihre Autos von speziellen Wälz-
          lagerherstellern. Warum?

a) _____

b) _____

Bei der Montage des Wälzlagers eines Elektromotors wird der äußere Laufring in die Bohrung des Lagerdeckels und der innere Laufring auf die Motorwelle gepresst.
Wie kann der problemlose und rasche Einbau des Wälzlagers (Kosten!) sichergestellt werden?

_____
_____
_____
_____
_____
_____

A Passmaß*

① Was versteht man unter Passmaßen?
Passmaße stellen sicher, dass die fertigen Werkstücke beim Zusammenfügen mit anderen Teilen _____,
d. h. das vorgegebene Maß haben.
Passmaße geben an, mit welchem Grad der _____ das einzelne Werkstück hergestellt werden
muss. Da ein absolut genaues Maß (z. B. 25,000...) nicht erreichbar ist, geben Passmaße an, innerhalb welcher
_____ das fertige Werkstück liegen muss.

---

* Diese Aufgabe ist gewollt zum Teil eine Wiederholung aus Lernfeld 1 (Bestellnummer 42000A)

Dabei bezeichnet man:

a) das Hauptmaß (z. B. ⌀ 25) als

b) die bildliche Darstellung der Bezugslinie für das Nennmaß (z. B. 25,000) als

c) das größte Maß, das das fertige Werkstück haben darf, als

d) das kleinste Maß, das das fertige Werkstück haben darf, als

e) Höchstmaß und Mindestmaß zusammen als

f) die erlaubten Abweichungen vom Nennmaß als

g) die Differenz zwischen der Nulllinie (z. B. 25,000) und dem Höchstmaß als

h) die Differenz zwischen der Nulllinie (z. B. 25,000) und dem Mindestmaß als

i) den Maßbereich zwischen Höchstmaß und Mindestmaß als

j) das tatsächliche Maß des fertigen Werkstücks als

Ein Werkstück ist richtig hergestellt, wenn das tatsächliche Maß des fertigen Werkstücks (= Istmaß)

② Im Folgenden ist am Beispiel des Durchmessers einer Welle bzw. einer Bohrung zeichnerisch dargestellt, was man unter einem Passmaß versteht. Wie bezeichnet man die bezifferten Teilmaße eines Passmaßes?

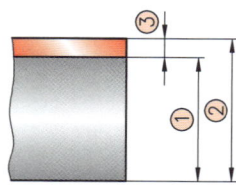

1 _____   2 _____   3 _____

③ In technischen Zeichnungen werden die Teilmaße eines Passmaßes nicht eingezeichnet, sondern das Passmaß wird geschrieben. Dabei gibt es zwei Möglichkeiten:

direkte Angabe: oder   ISO-Angabe:

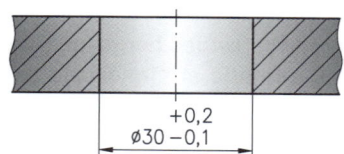

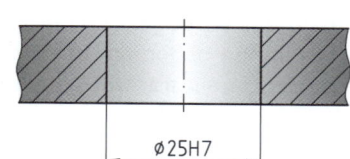

B Beispiele für ISO-Passmaße

Geben Sie bei den folgenden Passmaßen mithilfe des Tabellenbuchs oder der Tabelle auf Seite 9 an

a) die jeweiligen Grenzabmaße (in Mikrometer),
b) das jeweilige Höchst- und Mindestmaß,
c) das jeweilige Toleranzfeld.

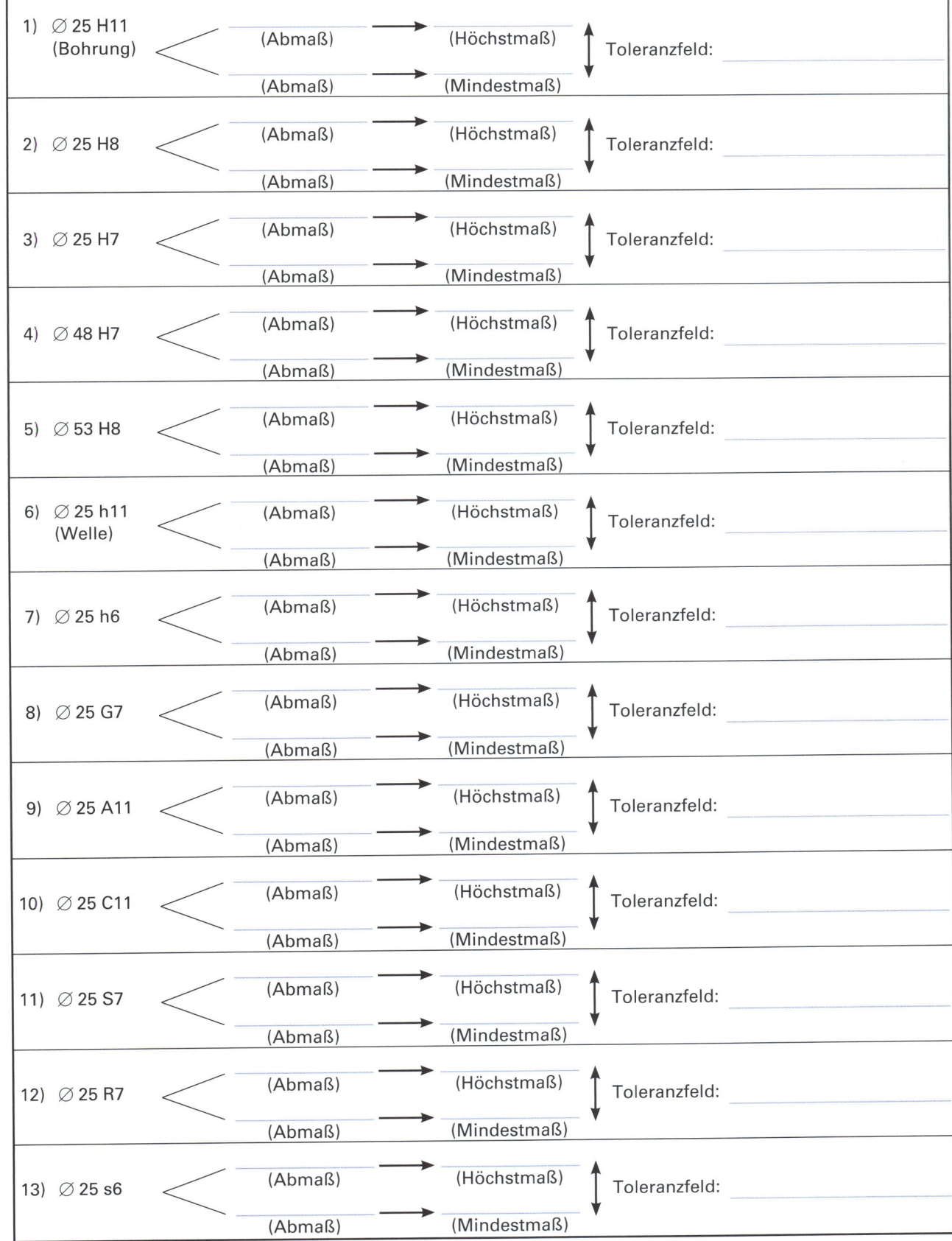

1) ⌀ 25 H11 (Bohrung) — (Abmaß) → (Höchstmaß) / (Abmaß) → (Mindestmaß) — Toleranzfeld: _____

2) ⌀ 25 H8 — (Abmaß) → (Höchstmaß) / (Abmaß) → (Mindestmaß) — Toleranzfeld: _____

3) ⌀ 25 H7 — (Abmaß) → (Höchstmaß) / (Abmaß) → (Mindestmaß) — Toleranzfeld: _____

4) ⌀ 48 H7 — (Abmaß) → (Höchstmaß) / (Abmaß) → (Mindestmaß) — Toleranzfeld: _____

5) ⌀ 53 H8 — (Abmaß) → (Höchstmaß) / (Abmaß) → (Mindestmaß) — Toleranzfeld: _____

6) ⌀ 25 h11 (Welle) — (Abmaß) → (Höchstmaß) / (Abmaß) → (Mindestmaß) — Toleranzfeld: _____

7) ⌀ 25 h6 — (Abmaß) → (Höchstmaß) / (Abmaß) → (Mindestmaß) — Toleranzfeld: _____

8) ⌀ 25 G7 — (Abmaß) → (Höchstmaß) / (Abmaß) → (Mindestmaß) — Toleranzfeld: _____

9) ⌀ 25 A11 — (Abmaß) → (Höchstmaß) / (Abmaß) → (Mindestmaß) — Toleranzfeld: _____

10) ⌀ 25 C11 — (Abmaß) → (Höchstmaß) / (Abmaß) → (Mindestmaß) — Toleranzfeld: _____

11) ⌀ 25 S7 — (Abmaß) → (Höchstmaß) / (Abmaß) → (Mindestmaß) — Toleranzfeld: _____

12) ⌀ 25 R7 — (Abmaß) → (Höchstmaß) / (Abmaß) → (Mindestmaß) — Toleranzfeld: _____

13) ⌀ 25 s6 — (Abmaß) → (Höchstmaß) / (Abmaß) → (Mindestmaß) — Toleranzfeld: _____

C Leseregeln für ISO-Passmaße
(Verallgemeinerung der Beispiele von B)

① Betrachten Sie die Beispiele 1 und 6. Welche Regeln zu großen und kleinen Buchstaben können Sie daraus entnehmen?

1. Regel: _____

_____

② Betrachten Sie die Beispiele 1, 2, 3 und 6, 7. Welche Regel zu Toleranzklasse und Toleranzfeld können Sie daraus entnehmen?

2. Regel: Je größer die Toleranzklasse,

umso _____

③ Betrachten Sie die Beispiele 3, 4 und 2, 5. Welche Regel zu Nennmaß und Toleranzfeld können Sie daraus entnehmen?

3. Regel: Je größer das Nennmaß,

umso _____

④ Vergleichen Sie alle H- und h-Passmaße mit den übrigen Passmaßen. Was stellen Sie fest?

4. Regel: _____

_____

_____

⑤ Betrachten Sie die Beispiele 3, 8, 11. Welche Regel zu Buchstaben und Toleranzfeld können Sie daraus entnehmen?

5. Regel: _____

_____

⑥ Betrachten Sie die Beispiele 1, 9, 10 und 3, 11, 12. Welche Regel zu Buchstaben und Toleranzfeld können Sie daraus entnehmen? (Betrachten Sie dazu auch die Zeichnungen S. 14.)

6. Regel: Stellt man sich in Gedanken auf den Buchstaben H bzw. h im Alphabet,
so liegen die Toleranzfelder umso weiter von der Nulllinie entfernt, je

_____

_____

_____

D ISO-Grundtoleranzen

Die Systematik, die hinter Regel 2 und Regel 3 (vgl. Aufgabe C) steckt, macht ein Ausschnitt aus der Tabelle der ISO-Grundtoleranzen deutlich. In dieser sind die Toleranzwerte für unterschiedliche Nennmaße und Toleranzklassen international festgelegt.

Nennmaß-bereich über ... bis in mm	ISO-Toleranzreihe (IT) Werte der einzelnen Toleranzklassen in µm																			
	01	0	1	2	3	4	5	6	7	8	9	10	11	12	13	14	15	16	17	18
1 ... 3	0,3								10											
3 ... 6	0,4								12											
6 ... 10	0,4								15											
10 ... 18	0,5								18											
18 ... 30	0,6	1	1,5	2,5	4	6	9	13	21	33	52	84	130	210	330	520	840	1300	2100	3300
30 ... 50	0,6	1	1,5	2,5	4	7	11	16	25	39	62	100	160	250	390	620	1000	1600	2500	3900
50 ... 80	0,8	1,2	2	3	5	8	13	19	30	46	74	120	190	300	460	740	1200	1900	3000	4600
80 ... 120	1								35											
120 ... 180	1,2								40											
180 ... 250	2								46											
250 ... 315	2,5								52											
315 ... 400	3								57											
400 ... 500	4								63											
...									...											
2500 ... 3150									210											

(Tabelle unvollständig)

① Auf welchen Gesamtnennmaßbereich beziehen sich die ISO-Grundtoleranzen?

Gesamter Nennmaßbereich: _____

② Wie viele Toleranzklassen gibt es?

Toleranzklassen: _____

③ Vergleichen Sie die Entwicklung der Toleranzfelder
   – bei zunehmendem Nennmaß,
   – bei zunehmender Toleranzklassenzahl.
   Welche beiden Grundregeln können Sie den Zahlenreihen entnehmen?

a) _____

   _____

b) _____

   _____

E Passungsarten

① Was versteht man unter einer Passung?

_____

_____

_____

② Bei Passungen unterscheidet man – je nachdem, wie die Passmaße für Bohrung und Welle gewählt werden – drei grundsätzliche Möglichkeiten.
Stellen Sie bei den drei Skizzen fest, ob sich durch die Lage der Toleranzfelder „Spiel" oder „Übermaß" ergibt.

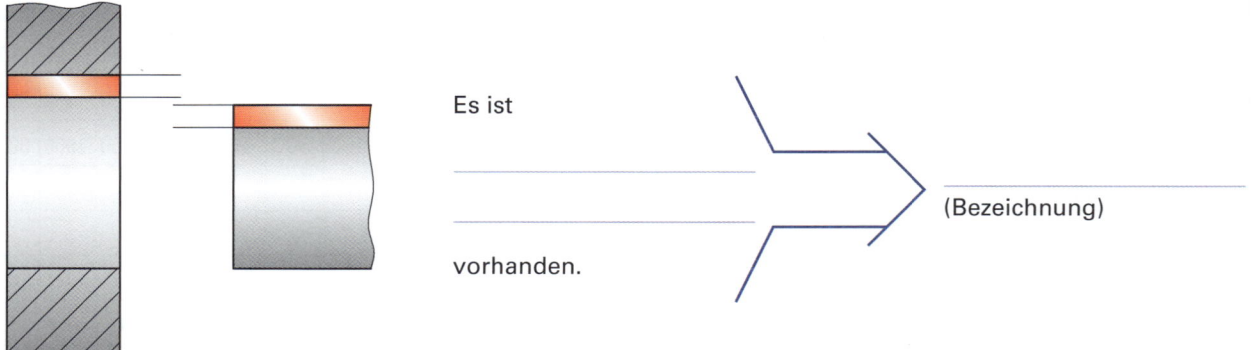

Es ist

_____

_____

vorhanden.

(Bezeichnung)

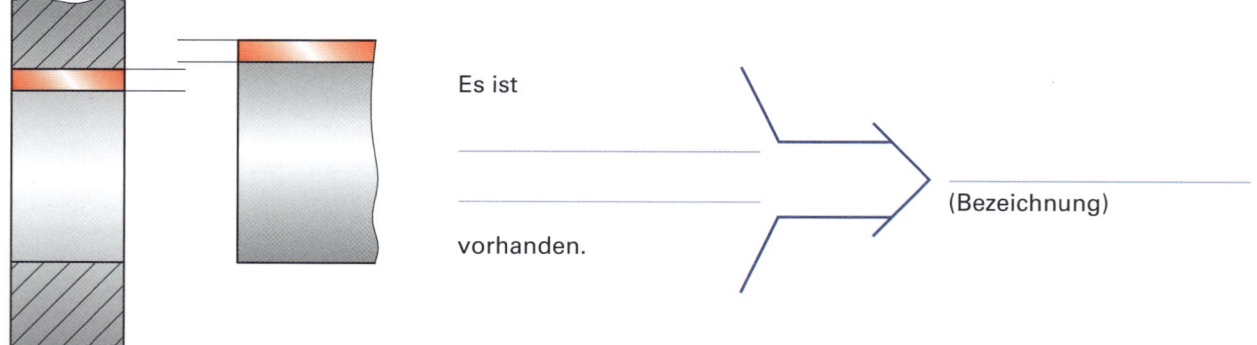

Es ist

_____

_____

vorhanden.

(Bezeichnung)

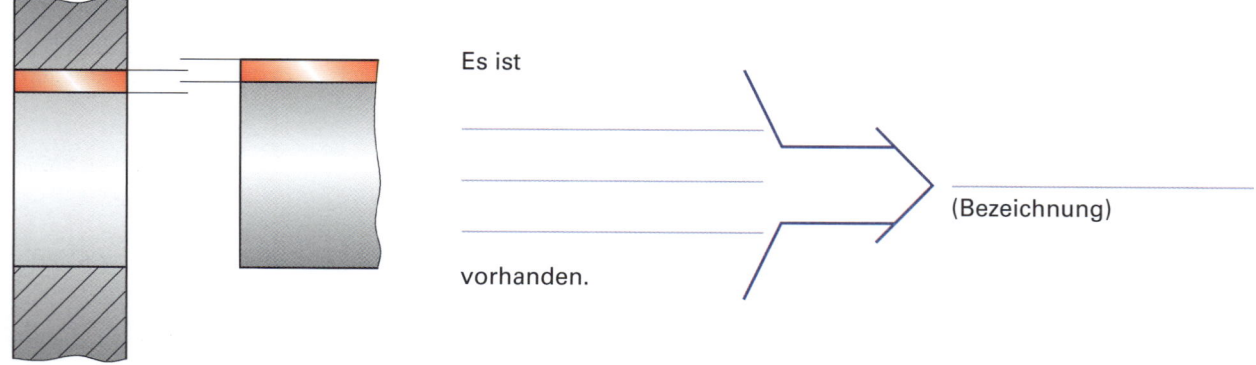

Es ist

_____

_____

vorhanden.

(Bezeichnung)

F Berechnungen an Passungen

Schreibweise in technischer Zeichnung

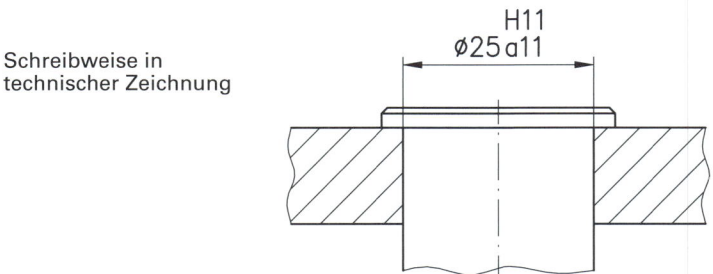

H11
Ø25 a11

a) Geben Sie bei den folgenden Passungen mithilfe des Tabellenbuchs die Höchst- und Mindestmaße von Bohrung und Welle an.
b) Stellen Sie fest, um welche Passungsart es sich jeweils handelt.
c) Berechnen Sie bei den jeweiligen Passungen Höchstspiel und Mindestspiel bzw. Höchstübermaß und Mindestübermaß.

a	b	c
1) $\varnothing$ 45 $\dfrac{\text{H11}}{\text{a11}}$ Bohrung: _____ < (Höchstmaß) / (Mindestmaß) Welle _____ < (Höchstmaß) / (Mindestmaß)		_____ (Höchstspiel) _____ (Mindestspiel) _____ (Höchstübermaß) _____ (Mindestübermaß)
2) $\varnothing$ 45 $\dfrac{\text{H7}}{\text{h6}}$ Bohrung: _____ < (Höchstmaß) / (Mindestmaß) Welle: _____ < (Höchstmaß) / (Mindestmaß)		_____ (Höchstspiel) _____ (Mindestspiel) _____ (Höchstübermaß) _____ (Mindestübermaß)
3) $\varnothing$ 45 $\dfrac{\text{H6}}{\text{k6}}$ Bohrung: _____ < (Höchstmaß) / (Mindestmaß) Welle: _____ < (Höchstmaß) / (Mindestmaß)		_____ (Höchstspiel) _____ (Mindestspiel) _____ (Höchstübermaß) _____ (Mindestübermaß)

a	b	c
4) $\varnothing$ 45 $\dfrac{H6}{r5}$ Bohrung: _____ ⟨ (Höchstmaß) _____ (Mindestmaß) Welle: _____ ⟨ (Höchstmaß) _____ (Mindestmaß)		_____ (Höchstspiel) _____ (Mindestspiel) _____ (Höchstübermaß) _____ (Mindestübermaß)
5) $\varnothing$ 45 $\dfrac{H8}{u8}$ Bohrung: _____ ⟨ (Höchstmaß) _____ (Mindestmaß) Welle: _____ ⟨ (Höchstmaß) _____ (Mindestmaß)		_____ (Höchstspiel) _____ (Mindestspiel) _____ (Höchstübermaß) _____ (Mindestübermaß)
6) $\varnothing$ 45 $\dfrac{A11}{h11}$ Bohrung: _____ ⟨ (Höchstmaß) _____ (Mindestmaß) Welle: _____ ⟨ (Höchstmaß) _____ (Mindestmaß)		_____ (Höchstspiel) _____ (Mindestspiel) _____ (Höchstübermaß) _____ (Mindestübermaß)
7) $\varnothing$ 45 $\dfrac{N7}{h6}$ Bohrung: _____ ⟨ (Höchstmaß) _____ (Mindestmaß) Welle: _____ ⟨ (Höchstmaß) _____ (Mindestmaß)		_____ (Höchstspiel) _____ (Mindestspiel) _____ (Höchstübermaß) _____ (Mindestübermaß)
8) $\varnothing$ 45 $\dfrac{S7}{h6}$ Bohrung: _____ ⟨ (Höchstmaß) _____ (Mindestmaß) Welle: _____ ⟨ (Höchstmaß) _____ (Mindestmaß)		_____ (Höchstspiel) _____ (Mindestspiel) _____ (Höchstübermaß) _____ (Mindestübermaß)

a	b	c
9) ⌀ 60 $\frac{H7}{n6}$ Bohrung: ____ ⟨ (Höchstmaß) ____ (Mindestmaß) ____ Welle ____ ⟨ (Höchstmaß) ____ (Mindestmaß) ____	_____ _____	(Höchstspiel) _____ (Mindestspiel) _____ (Höchstübermaß) _____ (Mindestübermaß) _____
10) ⌀ 25 $\frac{F8}{h9}$ Bohrung: ____ ⟨ (Höchstmaß) ____ (Mindestmaß) ____ Welle: ____ ⟨ (Höchstmaß) ____ (Mindestmaß) ____	_____ _____	(Höchstspiel) _____ (Mindestspiel) _____ (Höchstübermaß) _____ (Mindestübermaß) _____

G Erkenntnisse

(Verallgemeinerung der Beispiele von F)

Betrachten und vergleichen Sie die Passungsbeispiele von F. Ergänzen Sie danach die folgenden Sätze.

1. Erkenntnis:

> Bei einer Passung hat immer entweder die Bohrung oder die Welle den Buchstaben
>
> _____ bzw. _____ .

2. Erkenntnis:

> Eine **Spielpassung** ergibt sich, wenn
>
> zu **H** die Buchstaben _____ – ____ ,
>
> zu **h** die Buchstaben _____ – ____ kommen.

> Eine **Übermaßpassung** ergibt sich, wenn
>
> zu **H** die Buchstaben _____ – ____ ,
>
> zu **h** die Buchstaben _____ – ____ kommen.

> Eine **Übergangspassung** ergibt sich, wenn
>
> zu **H** die Buchstaben ____ – _____ ,
>
> zu **h** die Buchstaben _____ – _____ kommen.

H Passsysteme

① Wie unterscheiden sich die Passsysteme Einheitswelle und Einheitsbohrung?

Einheitsbohrung (EB) | **Einheitswelle (EW)**

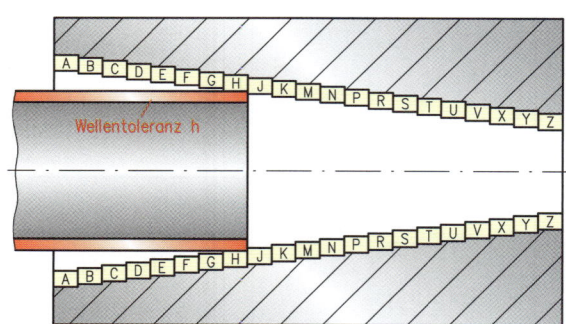

Passungen, bei denen die Bohrung den Buchstaben **H** hat, gehören zum

System _____

Lage der Nulllinie:

_____

_____

② In welchen technischen Bereichen wird das System Einheitsbohrung angewendet?

_____

_____

③ Welche Vorteile hat das System Einheitsbohrung?

_____

_____

_____

Passungen, bei denen die Welle den Buchstaben **h** hat, gehören zum

System _____

Lage der Nulllinie:

_____

_____

In welchen technischen Bereichen wird das System Einheitswelle angewendet?

_____

_____

_____

Welche Vorteile hat das System Einheitswelle?

_____

_____

_____

I Passungsauswahl

Welchen Vorteil hat die Passungsauswahl nach Vorzugsreihen (siehe Tabellenbuch)?

_____

_____

_____

Problemstellung:

Der Hersteller von Nockenwellen für Kraftfahrzeuge muss garantieren, dass die Nocken ein bestimmtes Passmaß einhalten. Die Qualitätskontrolle erfolgt mithilfe von Messuhren.

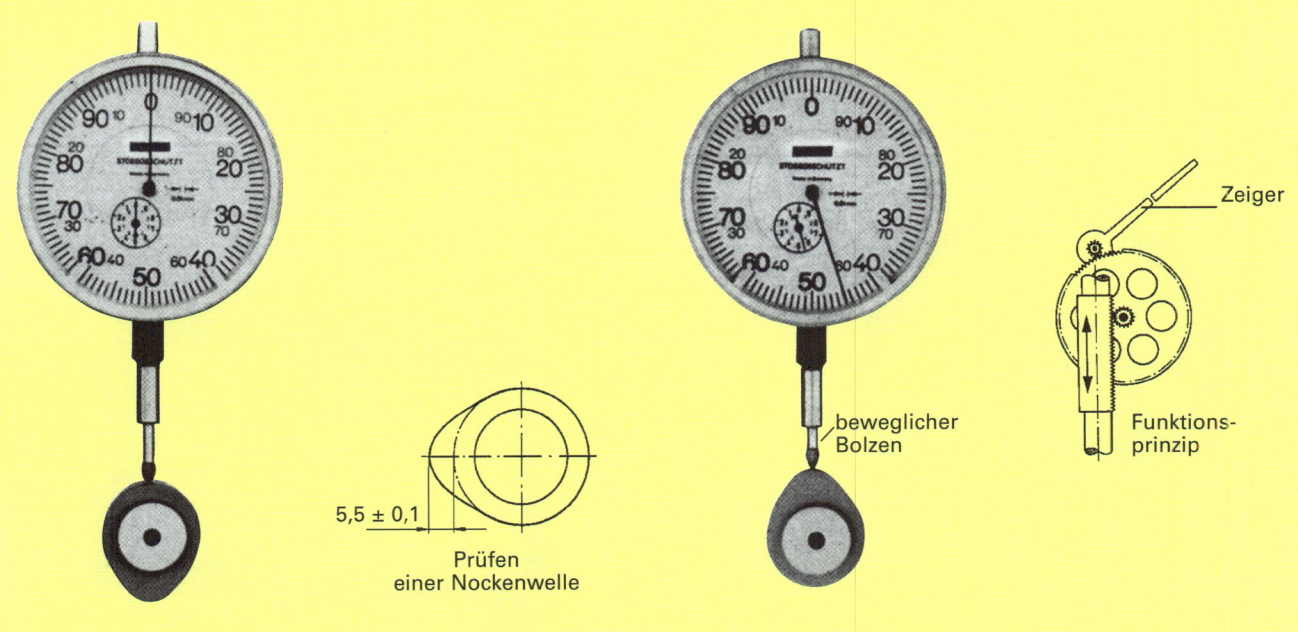

5,5 ± 0,1

Prüfen
einer Nockenwelle

beweglicher
Bolzen

Zeiger

Funktions-
prinzip

Beschreiben Sie mündlich den Ablauf des Messvorgangs.

A Grundbegriffe

① Ordnen Sie die folgenden Fachbegriffe den Beschreibungen der oben abgebildeten Messuhr zu.
*Messgröße, Messwert, Anzeigebereich, Messbereich, Skalen(teilungs)wert, Messgrößenaufnehmer, Messgrößen-
wandler, Messgrößenverstärker, Messwertanzeige.*

Die zu messende Nockenhöhe	
Der auf der Nockenwelle aufliegende bewegliche Bolzen der Messuhr	
Zahnstange und Zahnrad in der Messuhr	
Die Zahnradübersetzung (doppelte Übersetzung) in der Messuhr	
Der vom kleinen und großen Zeiger angegebene reine Zahlenwert von 5,45	
Die gemessene Nockenhöhe von **5,45 mm (Zahlenwert + Maßeinheit)**	
Das Maß, das dem Abstand von zwei nebeneinander liegenden Strichen auf der Skale entspricht. Bei der abgebildeten Messuhr: 0,01 mm (≙ Messgenauigkeit)	

Der Bereich, der vom Zeiger auf der Skale angezeigt werden kann. Bei der abgebildeten Messuhr: 100 Teilstriche $\triangleq \frac{100}{100}$ mm $\triangleq$ 1 mm	
Die größte mit einem Messgerät erfassbare Messgröße (bei Messuhren: die größte erfassbare Maßabweichung). Bei der abgebildeten Messuhr: 10 x der Anzeigebereich $\triangleq$ 10 x 1 mm $\triangleq$ 10 mm	

② Stellen Sie an den abgebildeten Messgeräten die angegebenen Kennwerte fest.

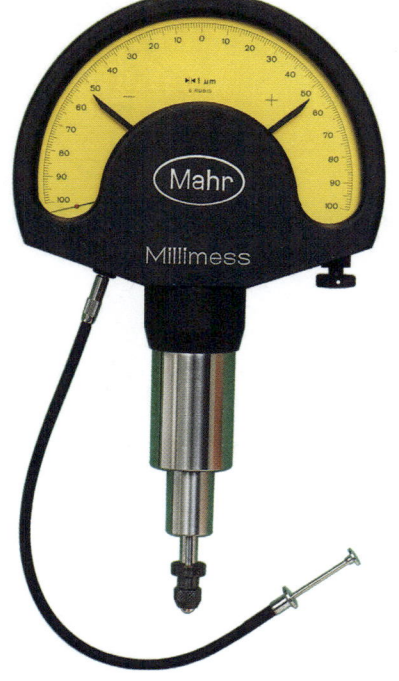

Skalenteilungswert: _____

Anzeigebereich: _____

Messbereich: _____

S.t.w.

A.b.

M.b.

B Signalverarbeitung

Welche grundsätzlichen Arten der Signalverarbeitung zeigen die Abbildungen?

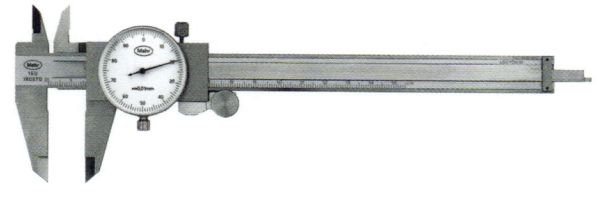

_____ Signalverarbeitung

_____ Signalverarbeitung

C Prüfmittelüberwachung

① Mit welchem Fachausdruck bezeichnet man die Ermittlung von systematischen Messfehlern (≙ Messabweichungen, die durch das Messgerät bedingt sind)?

Ermittlung von Messgerätefehlern

② Welche grundsätzlichen Möglichkeiten des Kalibrierens gibt es?

_____

_____

③ Ähnlich dem „TÜV" bei Kraftfahrzeugen unterliegen bei industrieller Fertigung Messgeräte einer periodischen Kontrolle ihrer Messsicherheit. Wann ist nach dem Kalibrierungs-Aufkleber die nächste Kontrolle fällig?

_____

D Mechanische Feinmessgeräte

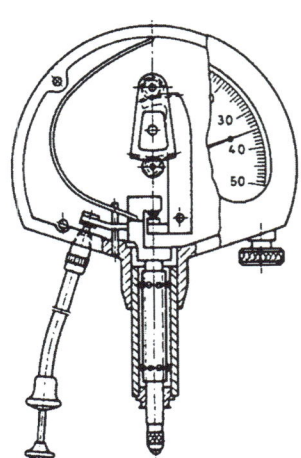

_____

(Bezeichnung)

① Welche Kennwerte haben solche Messgeräte im Allgemeinen?

Skalenteilungswert: _____

Messbereich: _____

Signalverarbeitung: _____

② Nach welchem technischen Prinzip funktionieren solche Messgeräte?

_____

_____

E Pneumatische Feinmessgeräte

① Aus welchen Hauptteilen bestehen pneumatische Feinmessgeräte? Benennen Sie das Prüfwerkzeug und das Werkstück.

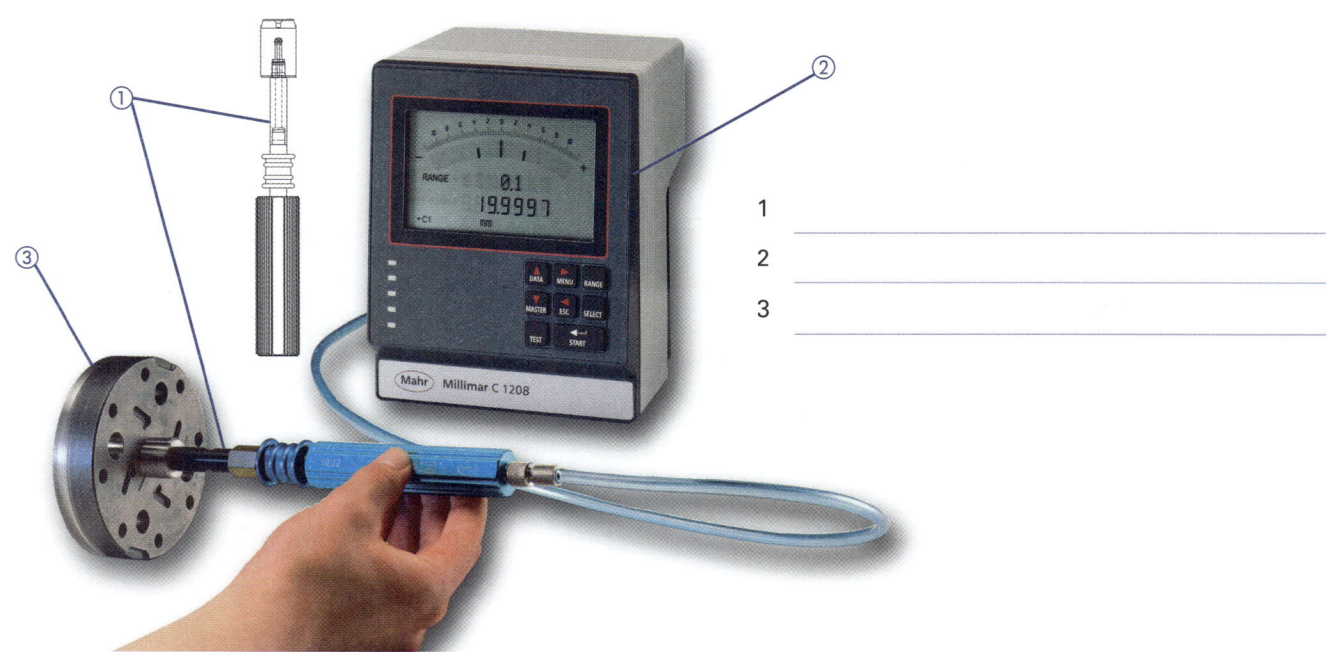

1 _____

2 _____

3 _____

② Nach welchem Prinzip funktionieren pneumatische Feinmessgeräte? (vgl. Beispiel oben: Messgerät mit Messdorn)

_____

_____

_____

_____

③ Wofür werden pneumatische Messgeräte vorwiegend eingesetzt?

_____

_____

④ Welche Vorteile bietet die pneumatische Längenmessung?

_____

_____

_____

_____

F Elektronische Längenmessgeräte

① Aus welchen Hauptteilen bestehen elektronische Längenmessgeräte?

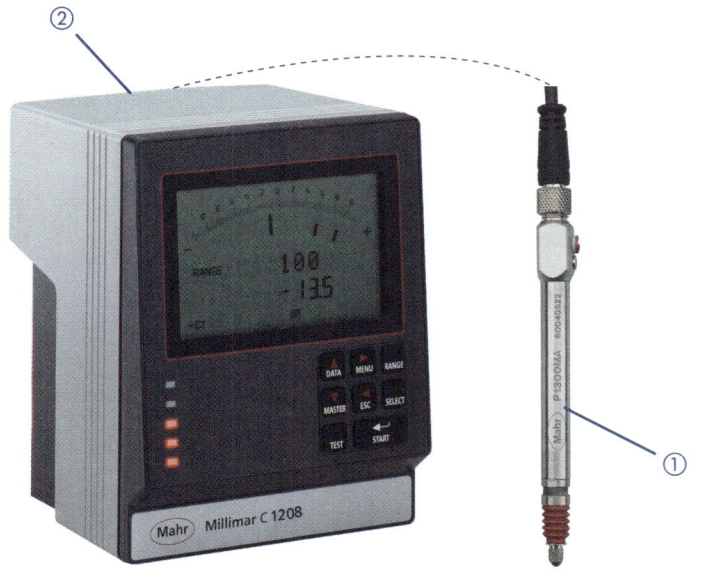

② ① 1 _____

2 _____

② Nach welchem Prinzip funktionieren elektronische Längenmessgeräte (Beispiel: Induktiver Messtaster)?

_____

_____

_____

_____

③ Was zeigt das Anzeigegerät bei der Einzelmessung, der Summenmessung und der Differenzmessung jeweils an und was wird bei den Abbildungen geprüft?

a) Einzelmessung mit einem Messtaster:

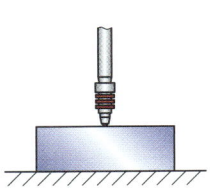
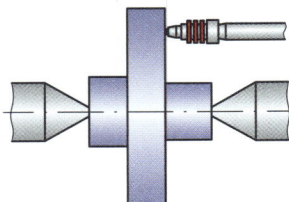

b) Summenmessung mit zwei Messtastern:

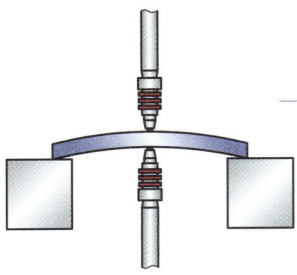
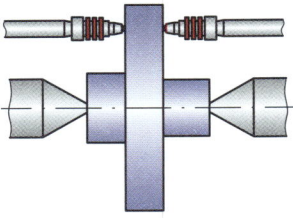

c) Differenzmessung mit zwei Messtastern:

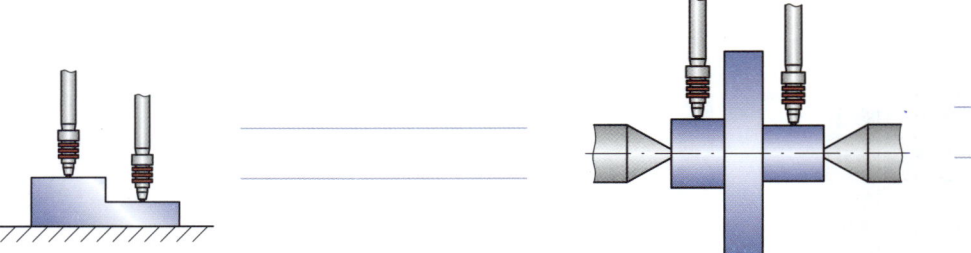

G Wahl der Messgeräte

Nehmen Sie an, dass Ihnen sämtliche Messgeräte zur Verfügung stehen. Welche Messgeräte würden Sie für die folgenden Messaufgaben auswählen? Begründen Sie Ihre Wahl.

Fall	Messgerät	Begründung
Prüfen einer Welle auf Rundlauf (erlaubte Rundlaufabweichung 0,05 mm)		
Prüfen einer Welle auf Rundlauf (erlaubte Rundlaufabweichung 10 µm)		
An einem Werkstück, das immer wieder in hohen Stückzahlen aufgelegt wird, soll die Bohrung ⌀ 32 mm mit einer erlaubten Abweichung von ±4 µm geprüft werden.		
Ein Flachstück 60 x 30 darf bei einer Dicke von 10 mm eine Parallelitätsabweichung von höchstens 3 µm aufweisen.		
Das gleiche Flachstück darf eine Parallelitätsabweichung von 0,05 mm haben und wird in Serienfertigung hergestellt.		

A Einsatz von Endmaßen

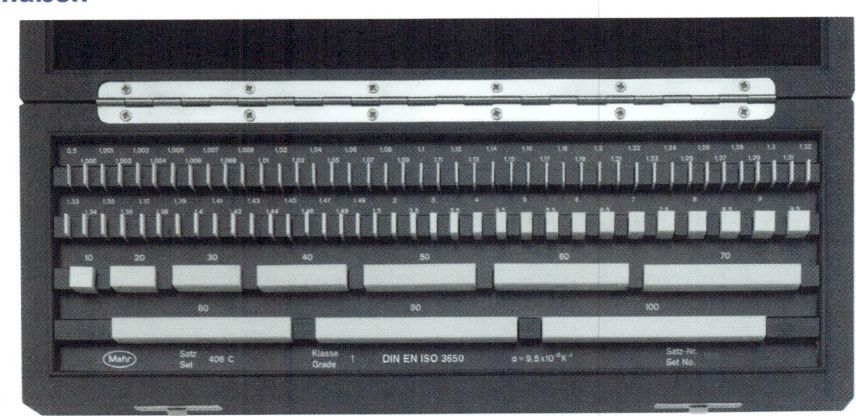

Endmaße (Normalsatz)

① Aus welchen Stücken setzt sich ein Endmaße-Normalsatz zusammen?

9 Endmaße Stufung: 0,001 mm	1,001								
9 Endmaße Stufung: 0,01 mm	1,01								
9 Endmaße Stufung: _____ mm	1,1								
9 Endmaße Stufung: _____ mm	1								
9 Endmaße Stufung: _____ mm	10								

(in Abb. oben zusätzlich: 100 mm)

② Stellen Sie mit dem Endmaße-Normalsatz die folgenden Maße zusammen. Verwenden Sie dabei möglichst wenige Endmaße.

		36,538	62,272
ver-wendete Endmaße	1.		
	2.		
	3.		
	4.		
	5.		

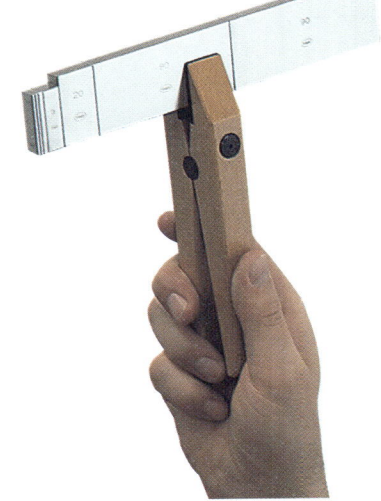

Welche Regel gilt beim Zusammenstellen?

Die Zusammenstellung beginnt mit dem _____
Stellenwert der Maßzahl (Tausendstel).

③ Stellen Sie noch weitere von Ihnen bestimmte Maße zusammen.

④ Nennen Sie weitere Arbeitsbeispiele, bei denen Endmaße verwendet werden.

_____

_____

B Genauigkeit von Endmaßen

① Welche Besonderheit hinsichtlich der Genauigkeit weisen Endmaße auf?

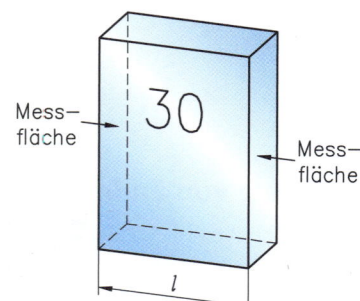

Mess-fläche

Mess-fläche

Endmaße ⟨ _____

_____

_____

② Endmaße werden in unterschiedlichen Genauigkeitsgraden hergestellt: K, 0, 1, 2. Ergänzen Sie die Tabelle.

Toleranz für Parallelität und Ebenheit*	Toleranz-klasse	Kenn-zeichen	spezielle Verwendung
0,05 µm	K	_____	
0,10 µm	0	_____	
0,16 µm	1	_____	
0,30 µm	2	_____	

* Abweichungsspanne t_v für Nennmaße bis 25 mm

C Arbeitsregeln

① Welche Arbeitsregeln sind beim Umgang mit Endmaßen zu beachten?

a) _____

b) _____

c) _____

d) _____

② Auf welcher physikalischen Erscheinung beruht das gegenseitige Haften der Messflächen („Anschieben"!) und die evtl. Kaltverschweißung?

_____

**Haften der Messflächen
evtl. Kaltverschweißung**

Problemstellung:

Für ein M6-Innengewinde bohren Sie in eine Stahlplatte laut Tabellenbuch ein Gewindekern-loch von 5 mm Durchmesser. Nach dem Bohren stellen Sie beim Nachmessen fest, dass die Bohrung einen Durchmesser von 5,3 mm hat und damit für die Herstellung des Gewindes unbrauchbar ist (Die Schraube würde zu locker im Muttergewinde sitzen!).
Wie erklären Sie sich den Arbeitsfehler?

_____

_____

1 Bohren

A Spiralbohrer

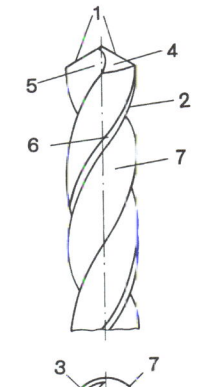

① Zeichnen Sie farbig die Hauptschneiden nach.

② Wie bezeichnet man die bezifferten Flächen und Kanten?

1 _____   5 _____

2 _____   6 _____

3 _____   7 _____

4 _____

③ Welche Vorteile hat der Spiralbohrer?

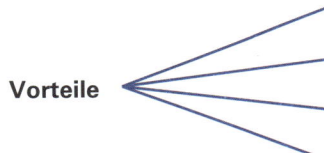

Vorteile

_____

_____

_____

_____

B Drall und Bohrerverwendung

① Welcher Zusammenhang besteht zwischen dem Drallwinkel (Seitenspanwinkel), dem Spanwinkel und der Verwendung des Bohrers bei bestimmten Werkstoffen?

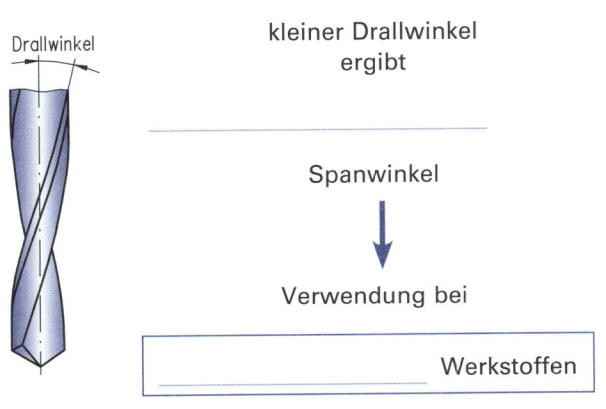

kleiner Drallwinkel ergibt

_____

Spanwinkel

↓

Verwendung bei

| Werkstoffen |

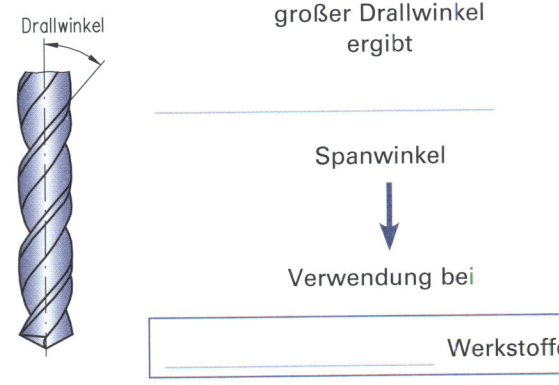

großer Drallwinkel ergibt

_____

Spanwinkel

↓

Verwendung bei

| Werkstoffen |

② Für welche Werkstoffe sind die folgenden Bohrertypen bestimmt?

Typ H

Drallwinkel _____ ... _____

für _____ Werkstoffe, z. B.

_____

_____

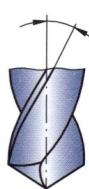

Typ N

Drallwinkel _____ ... _____

für _____ Werkstoffe, z. B.

_____

_____

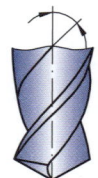

Typ W

Drallwinkel _____ ... _____

für _____ Werkstoffe, z. B.

_____

_____

C Spitzenwinkel

① Wie groß sind die Spitzenwinkel von Bohrern für die folgenden Werkstoffe?

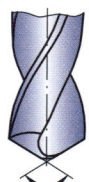

Stahl	
Aluminium	
Messing (Cu-Zn-Legierung)	
Kunststoffe, Pressstoffe	

② Aluminium ist ein sehr guter Wärmeleiter, Kunst- und Pressstoffe sind sehr schlechte Wärmeleiter. Welche Regel für die Größe des Spitzenwinkels lässt sich aus der Tabelle bei ① ableiten?

Regel: _____

_____

Begründung: _____

_____

D Querschneide

① Zeichnen Sie farbig die Querschneide und die Hauptschneiden ein.

Spiralbohrer
(Draufsicht)

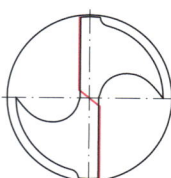

② In welchem Winkel zu den Hauptschneiden soll die Querschneide bei einem **Bohrer für Stahl** stehen?

③ Mithilfe des Querschneidenwinkels kann kontrolliert werden, ob ein Bohrer für Stahl richtig geschliffen bzw. nachgeschliffen ist. Ergänzen Sie folgende Gedankengänge.

a) Welche Voraussetzung muss gegeben sein, damit die Bohrerschneiden ins Werkstück eindringen können?

_____

b) Wie erhalten die Bohrerschneiden einen Freiwinkel?

_____

c) Wie kann kontrolliert werden, dass die Schneiden im richtigen Winkel hinterschliffen sind?

_____

d) Wie kann dieser Winkel geprüft werden?

_____

④ Was versteht man unter dem „Ausspitzen" des Bohrers und welchem Zweck dient es?

_____

_____

E Schleiffehler

Welche Auswirkung bei der Bohrarbeit haben die folgenden Fehler, die beim Nachschleifen gemacht worden sind?

<table>
<tr><td>ungleich lange Schneiden</td><td>ungleiche Schneidenwinkel</td></tr>
<tr><td>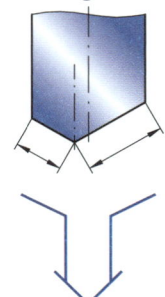</td><td>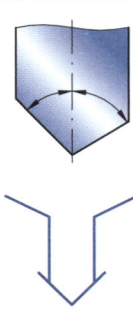</td></tr>
</table>

_____   _____

_____   _____

_____   _____

F Bohrerwerkstoff

① Welche Eigenschaften werden von Bohrerwerkstoffen verlangt?

Bohrerwerkstoffe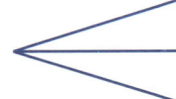

_____

_____

_____

② Ergänzen Sie die nachfolgende Tabelle.

Bohrerwerkstoff	Besonderheiten
Schnellarbeitsstahl (HS), Hochleis-tungs-Schnellarbeitsstahl (HSS)	
beschichteter HS-Stahl (Beschich-tung TiN ≙ Titannitrid)	
Hartmetall – eingesetzte Schneiden aus Hartmetall – Vollhartmetallbohrer	

G Weitere Bohrwerkzeuge

Wie heißen die folgenden Bohrwerkzeuge und für welche besonderen Zwecke werden sie verwendet?

Bohrwerkzeug	Bezeichnung	Verwendung

2 Senken

A Aufsenken (Aufbohren)

① Was versteht man unter Aufsenken? Welchen Zweck hat es?

② Wie heißen die abgebildeten Werkzeuge zum Aufsenken?

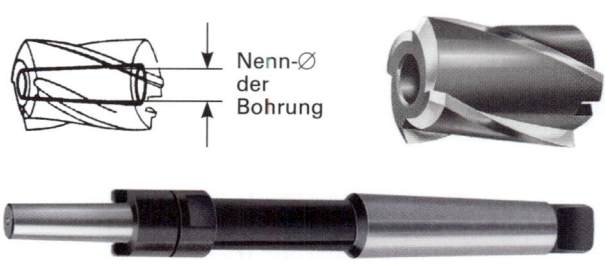

Nenn-∅ der Bohrung

③ Warum haben Aufsenkwerkzeuge mehrere Fasen?

B Profilsenken (Ansenken, Einsenken)

① Wie heißen die abgebildeten Senkwerkzeuge?

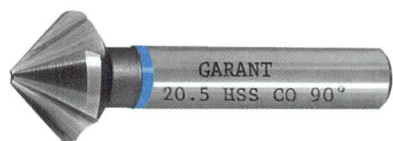 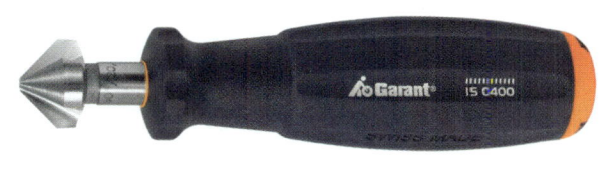

② Wozu werden Kegelsenker mit den folgenden Spitzenwinkeln verwendet?

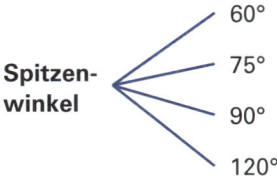

Spitzen-winkel

60° _____

75° _____

90° _____

120° _____

C Plansenken (Flachsenken)

① Wie heißen die abgebildeten Senkwerkzeuge und wie werden sie gespannt?

Spannen am _____   Spannen am _____

② Wozu werden Flachsenker verwendet?

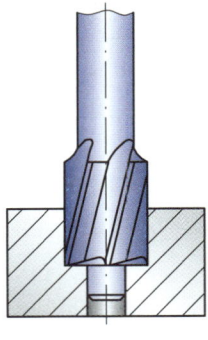 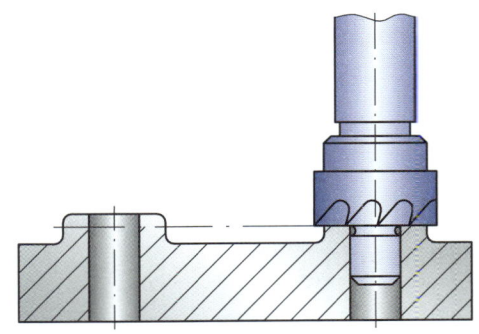

_____   _____

_____   _____

③ Welche Aufgabe hat der Zapfen an Flach- oder Plansenkern?

_____

3 Reiben

A Zweck

Welchen Zweck hat das Reiben?

Die Bohrung erhält $<$ _____

_____

B Werkstoffzugabe

Wie groß darf die Werkstoffzugabe beim Reiben höchstens sein?

Werkstoffzugabe

_____ ... _____ mm

abhängig vom Durchmesser

Beispiel: Eine Bohrung, die auf 20 H7 aufgerieben werden soll, muss auf _____ mm vorgebohrt werden.

C Reibahlen

An welchen Merkmalen kann man Handreibahlen und Maschinenreibahlen unterscheiden?

Maschinenreibahlen

a) _____

b) _____

c) _____

Handreibahlen

a) _____

b) _____

c) _____

D Zahnteilung bei Reibahlen

Warum haben Reibahlen ungleiche Zahnteilung?

_____

_____

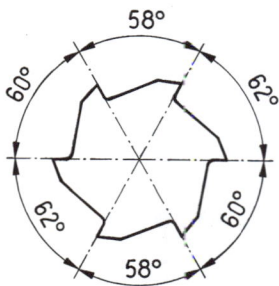

E Arbeitsregeln

a) Drehbewegung: _____

b) Schnittgeschwindigkeit/Drehzahl: _____

c) Bohrungen mit Nut: _____

Die Bohrvorrichtung (Foto unten, Zeichnung S. 31) soll gefertigt werden.
In dieser Lernsituation haben Sie den Auftrag, alle Bohrarbeiten (Bohren, Senken, Reiben) der Führungsleisten (Pos. 4 und Pos. 5) vorzubereiten und das Verschrauben und Verstiften mit der Trägerplatte (Pos. 2) zu planen.
Wenn Sie die Möglichkeit haben, können Sie die gesamte Bohrvorrichtung fertigen. Die Zeichnung des Schiebers (Pos. 6) ist auf S. 64 abgebildet.

Informieren/orientieren Sie sich, indem Sie ...
- sich überlegen, wofür der Bolzen (s. Zeichnung S. 30) verwendet werden kann,
- die Zeichnung mit dem genormten Bolzen bemaßen,
- sich mit dem Werkstoff des Bolzens beschäftigen,
- sich mit der Funktionsweise der Bohrvorrichtung vertraut machen,
- die Zeichnungen S. 32 und 33 ergänzen.

Planen/entscheiden Sie, indem Sie ...
- die Zeichnung der Führungsleiste oben (Pos. 5) S. 34 ergänzen und bemaßen.

Führen Sie Ihren Auftrag aus, indem Sie ...
- den Arbeitsplan für die Bohrarbeiten erstellen,
- benötigte Werkzeuge auswählen,
- Schnittdaten ermitteln,
- Drehzahlen berechnen,
- Hauptnutzungszeiten berechnen,
- die Arbeitssicherheit beachten.

Kontrollieren Sie, indem Sie ...
- ein Prüfprotokoll erstellen,
- Prüfwerkzeuge auswählen,
- sich Gedanken zum Qualitätsmanagement machen.

Bewerten und dokumentieren Sie, indem Sie ...
- den Arbeitsablauf kritisch überdenken,
- weitere Möglichkeiten zur Ermittlung der Drehzahlen prüfen,
- mögliche Verbesserungen überlegen,
- die Ergebnisse mit anderen Schülern vergleichen.

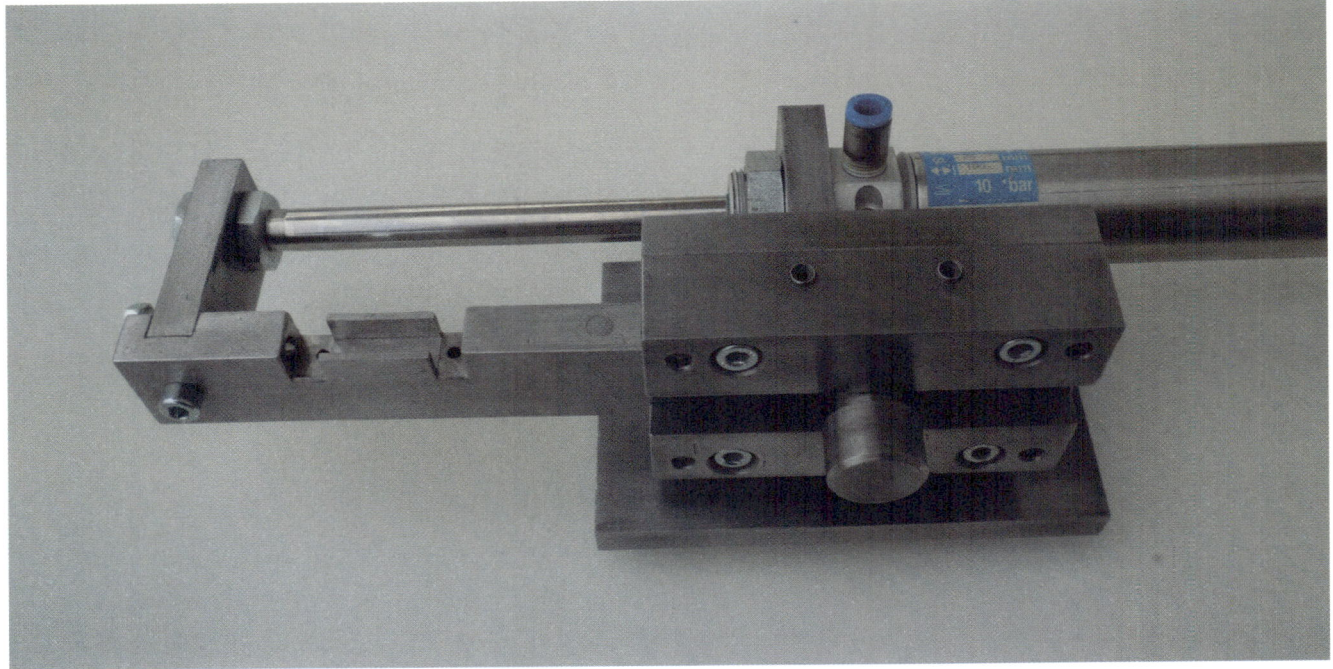

Information

① In der Bohrvorrichtung S. 31 sollen in Bolzen ISO 2340 m mit einem Durchmesser 8 mm und einer Länge 35 mm die Splintlöcher gebohrt werden. Bemaßen Sie den abgebildeten Bolzen mithilfe des Tabellenbuchs (Zeichnung nicht maßstäblich).

② Bolzen ISO 2340 sind aus Automatenstahl gefertigt. Ermitteln Sie den Kurznamen von Automatenstahl mit der Werkstoffnummer 1.0737, erläutern Sie die Zahlen und Buchstaben und beschreiben Sie die Vorteile von Automatenstählen.

Kurzname: _____

_____

_____

_____

_____

③ Ergänzen Sie die Gesamtzeichnung der Bohrvorrichtung, indem Sie die Positionsnummern in die Zeichnung eintragen.

④ Überlegen Sie sich, wie die Vorrichtung zum Bohren von Löchern in Bolzen ISO 2340 funktioniert, und notieren Sie den Ablauf beim Bohren der Splintlöcher.

_____

_____

_____

_____

⑤ Welche Aufgabe haben die Sechskantschraube (Pos. 13) und die Sechskantmutter (Pos. 14)?

_____

_____

_____

_____

_____

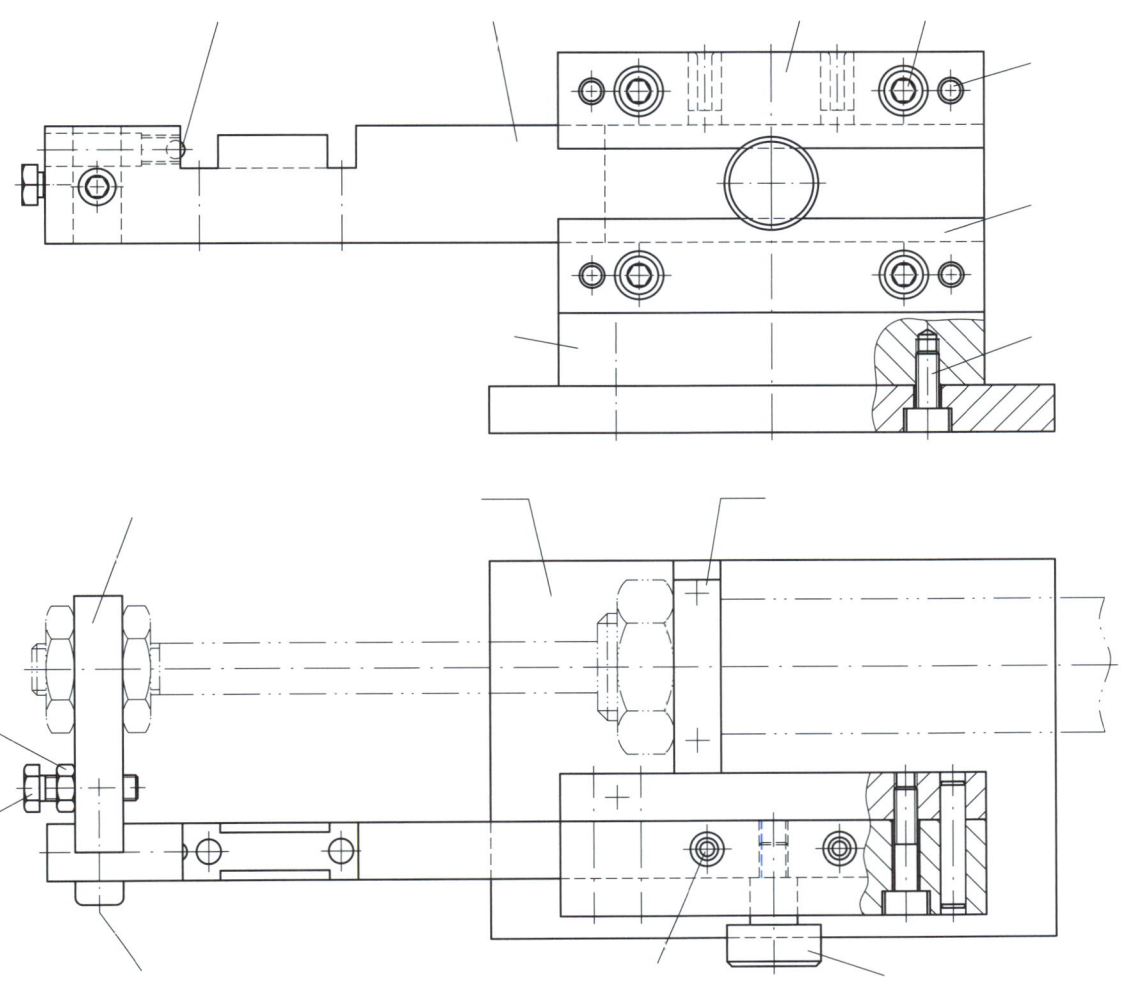

nicht maßstäbliche Zeichnung

Stück	Benennung	Normblatt	Werkstoff	Pos.-Nr.	Halbzeug (nach Materialbereitstellungsliste)	
4	Zylinderstift 5x26-A	ISO 8734		15		
1	Sechskantmutter M6	ISO 4032	8	14		
1	Sechskantschraube M6x30	ISO 4017	8.8	13		
4	Zylinderschraube M5x20	ISO 4762	8.8	12		
5	Zylinderschraube M5x12	ISO 4762	8.8	11		
2	Bohrbuchse A2x9	DIN 179		10		
1	Federndes Druckstück M6			9		
1	Griffstück		11SMn37+C	8	Rd 20x32	EN 10278
1	Verbindungsteil		S235JRC+C	7	Fl 25x10x50	EN 10278
1	Schieber		S235JRC+C	6	Fl 25x12x200	EN 10278
1	Führungsleiste oben		S235JRC+C	5	4kt 20x90	EN 10278
1	Führungsleiste unten		S235JRC+C	4	4kt 20x90	EN 10278
1	Zylinderplatte		S235JRC+C	3	Fl 60x10x45	EN 10278
1	Trägerplatte		S235JRC+C	2	Fl 70x10x90	EN 10278
1	Grundplatte		S235JRC+C	1	Fl 80x10x120	EN 10278

⑥ Bemaßen Sie in der Grundplatte (Pos. 1) in der Vorderansicht eine Bohrung mit Senkung für die Zylinderschraube M5 ISO 4762.

1 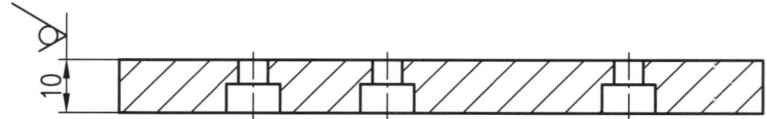 Zeichnung nicht maßstäblich

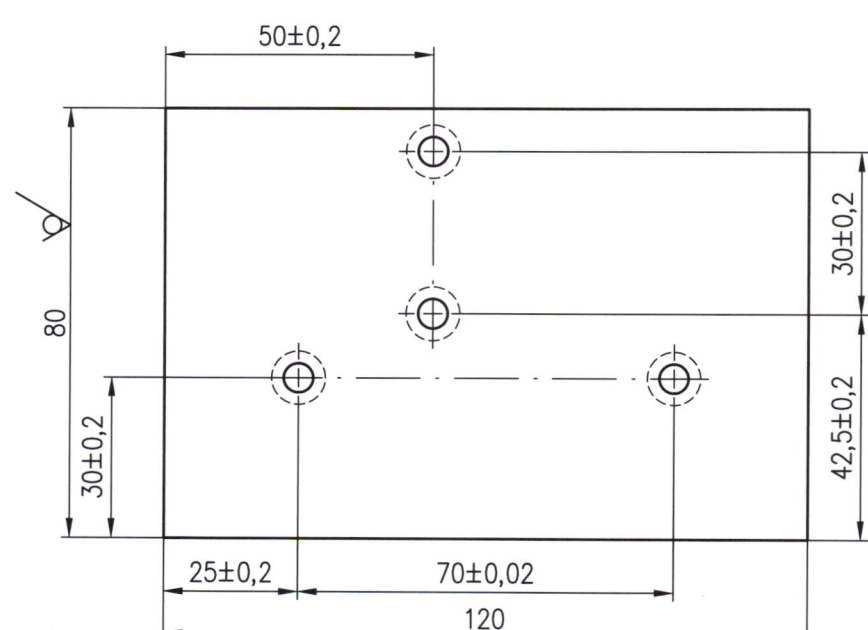

3 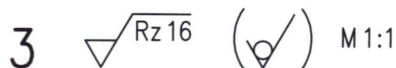 M 1:1

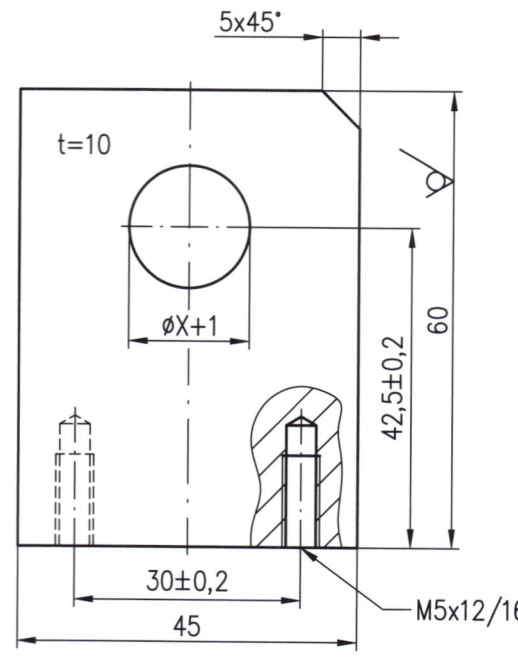

8 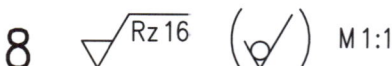 M 1:1

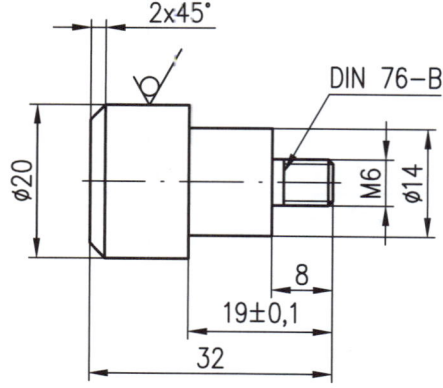

Für alle Einzelteile gilt:

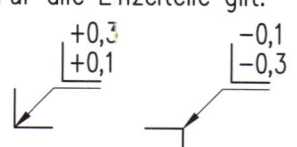

Allgemeintoleranz ISO 2768–m

⑦ Ergänzen Sie die abgebildete Zeichnung (M1:1) der Trägerplatte (Pos. 2) im Schnitt A-A und tragen Sie alle fehlenden Maße in die Zeichnung ein.

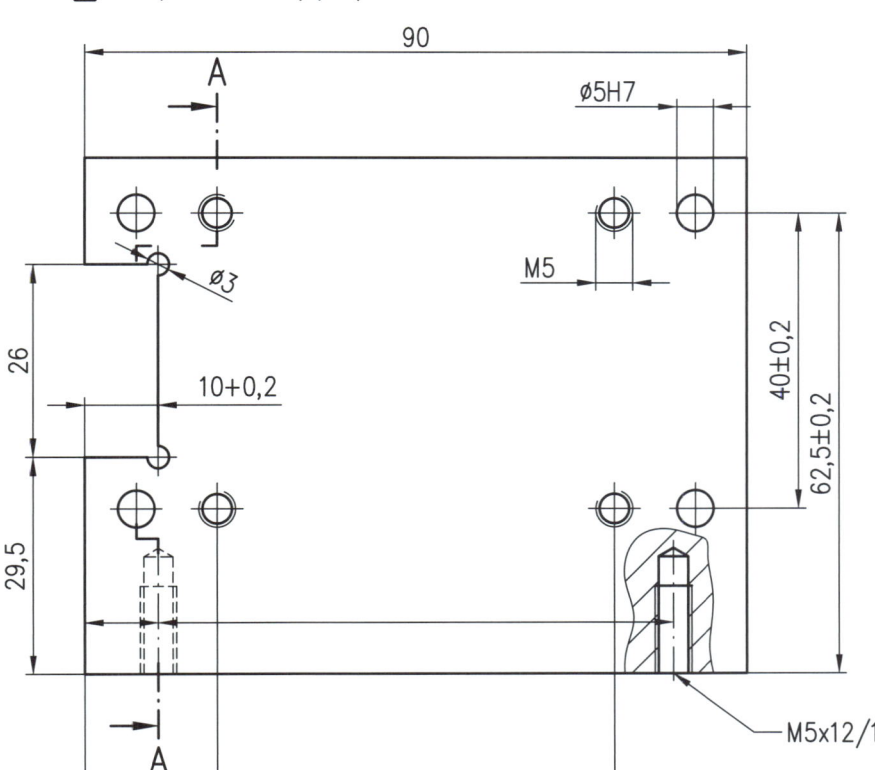

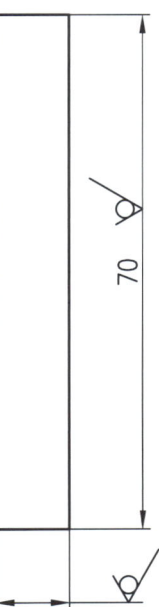

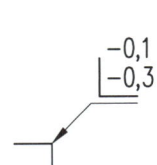

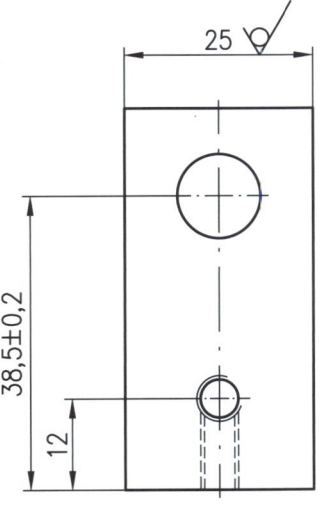

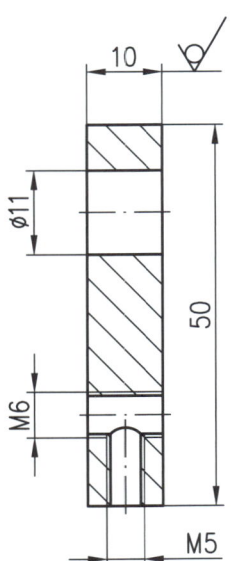

Planung

① Ergänzen Sie die abgebildete Zeichnung (M 1:1) der Führungsleiste oben (Pos. 5) in der Vorderansicht und tragen Sie die Form- und Lagemaße aller Bohrungen in die Zeichnung ein.
Wählen Sie für die Lagemaße der Schraub- und Stiftlöcher eine Toleranz von ±0,2 mm und für die Bohrungen der Bohrbuchsen ±0,05 mm.

5

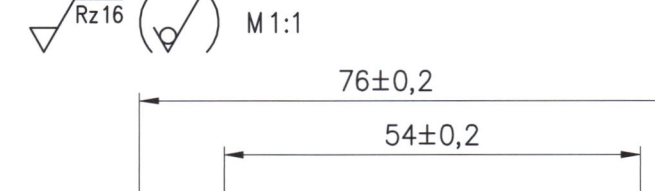

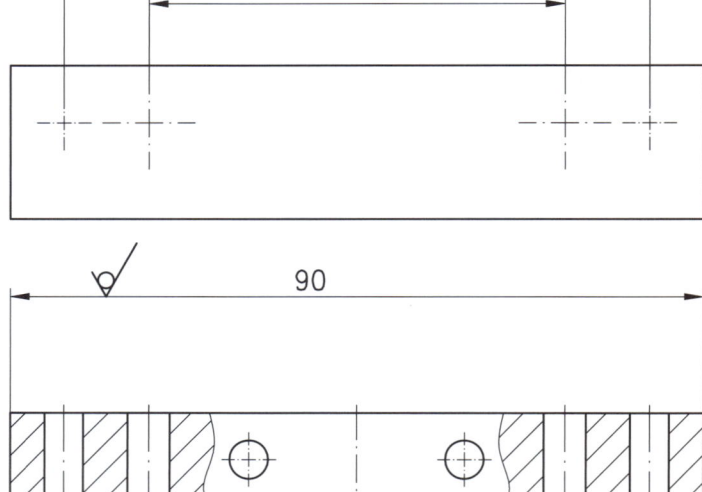

② Die Führungsleiste unten (Pos. 4) wurde nicht gezeichnet. Wodurch unterscheidet sie sich von der Führungsleiste oben (Pos. 5)?

_____

_____

③ Erläutern Sie die abgebildete Kennzeichnung für Werkstückkanten.

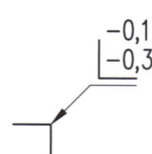

_____

_____

_____

Ausführung

① Planen Sie die Arbeitsschritte für das Verschrauben und Verstiften der Führungsleisten (Pos. 4 und Pos. 5) mit der Trägerplatte (Pos. 2) auf einer Säulenbohrmaschine. Die Fräsarbeiten sind bereits erledigt. Es werden Werkzeuge aus Schnellarbeitsstahl (HSS) verwendet.

Arbeitsplan für die Schraub- und Stiftverbindung

Nr.	Arbeitsgang	Werkzeuge/Hilfsmittel	Schnittdaten
1	Rohmaße prüfen		
2	Alle Bohrungen (Pos. 4/5) anreißen und körnen		
3	Führungsleisten (Pos. 4/5) 4 Durchgangsbohrungen ⌀ 5,5 bohren und entgraten		
4			
5			
6			
7			
8			
9			
10			
11			
12			
13			
14			

② Mit welcher Genauigkeit sind Höhenreißer mit Nonius in der Regel einstellbar?

_____

③ Wie soll die Spitze eines Körners beschaffen sein?

_____

④ Erläutern Sie die Herstellung der beiden Bohrungen ⌀ 5H7 in der Führungsleiste oben (Pos. 5) für die beiden Bohrbuchsen.
Warum können sie nicht durch Anreißen und Bohren auf der Bohrmaschine gefertigt werden?

_____

_____

_____

_____

⑤ Berechnen Sie die Drehzahl und die Hauptnutzungszeit beim Bohren der Durchgangsbohrungen ⌀ 5,5 in die Führungsleisten (Pos. 4/5). Vgl. Arbeitsplan S. 35, Arbeitsgang 3. (Anlauf und Überlauf sollen je 1 mm betragen.)

⑥ Wie verhalten Sie sich, wenn sich die errechnete Drehzahl an der Werkzeugmaschine nicht einstellen lässt?

_____

⑦ An Werkzeugmaschinen sind besondere Schutzmaßnahmen und Verhaltensregeln zur Arbeitssicherheit zu beachten. Nennen Sie Regeln der Arbeitssicherheit an Bohrmaschinen:

a) _____

b) _____

c) _____

d) _____

e) _____

f) _____

g) _____

h) _____

i) _____

j) _____

Kontrolle

① Erstellen Sie ein Prüfprotokoll für die Fertigung der Führungsleiste oben (Pos. 5).

Prüfmerkmal	Höchstmaß	Mindestmaß	Prüfmittel	Istmaß	Bemerkung
90					
12,1 + 0,05					
28 ±0,05					
$\varnothing$ 5H7					

② Mit welcher Genauigkeit müssen die Maße gefertigt werden, die nicht toleriert sind?

_____

_____

③ Welche Passung ergibt sich bei der Herstellung der Verbindung zwischen der Führungsleiste oben (Pos. 5) und der Bohrbuchse (Pos. 10)?

_____

_____

Bewertung

① Wie kann die Hauptnutzungszeit beim Bohren reduziert werden und welche Änderungen sind dazu erforderlich?

_____

_____

② Wie kann in der Praxis die Ermittlung der Drehzahlen vereinfacht werden?

_____

_____

Übungen am Drehzahldiagramm

An vielen Werkzeugmaschinen sind Drehzahldiagramme angebracht. Sie erleichtern die Ermittlung der Drehzahl bei gegebenem Durchmesser und gegebener Schnittgeschwindigkeit.
Gehen Sie dabei folgendermaßen vor:

a) Suchen Sie die Linie des Bohrerdurchmessers auf.
b) Gehen Sie auf dieser Linie schräg nach links unten bis zur Linie der gewählten Schnittgeschwindigkeit.
c) Gehen Sie vom Schnittpunkt dieser beiden Linien senkrecht nach unten und lesen Sie die Spindeldrehzahl ab.

① Zeichnen Sie mit Farbe folgendes Beispiel in das Schaubild ein:

Bohrerdurchmesser 8 mm – Schnittgeschwindigkeit 25 m/min – Spindeldrehzahl 1000 1/min

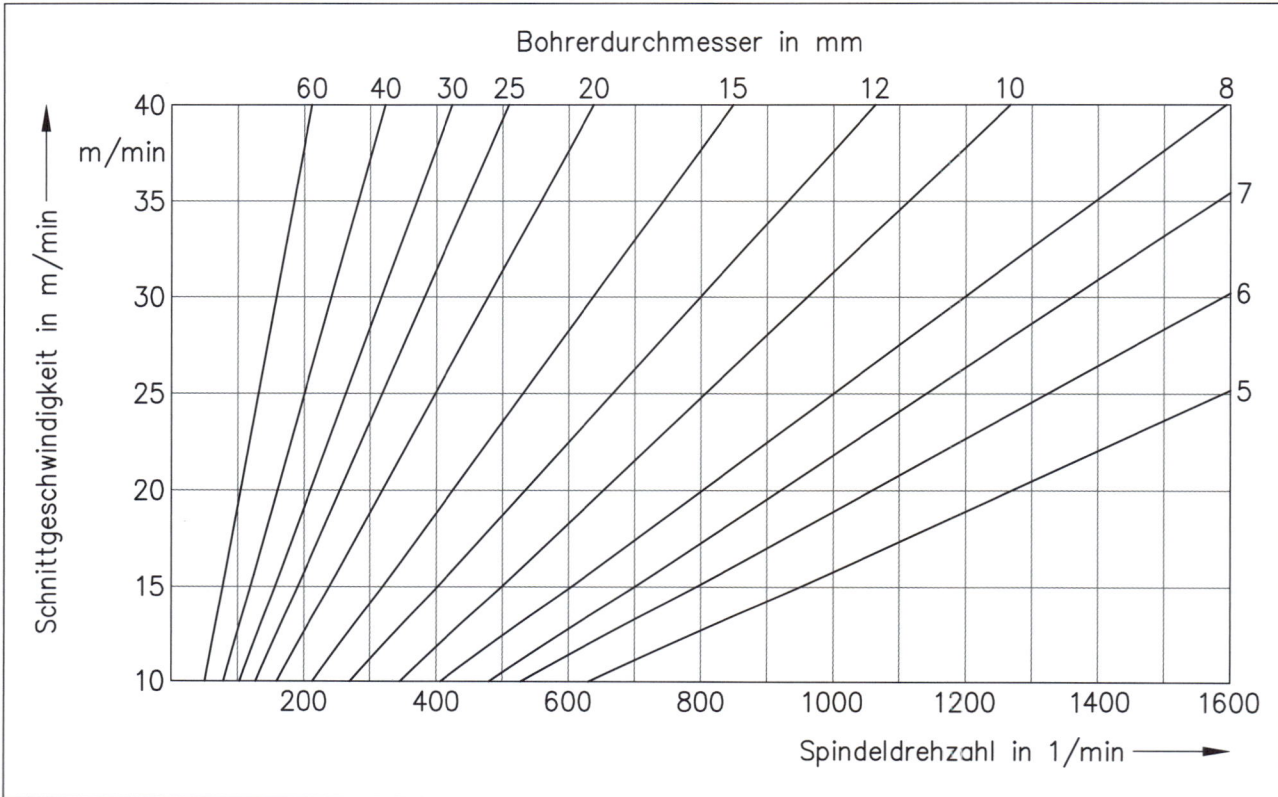

② Lesen Sie die geforderten Drehzahlen aus dem Drehzahldiagramm ab und tragen Sie die Werte in die Tabelle ein.

Bohrerdurchmesser	Schnittgeschwindigkeit	Drehzahl nach Diagramm	Drehzahl berechnet
6 mm	20 m/min		
15 mm	30 m/min		
12 mm	25 m/min		
25 mm	30 m/min		

③ Überprüfen Sie rechnerisch die ermittelten Drehzahlen und vergleichen Sie die Werte.

Problemstellung:

Nach einer Dreharbeit ist die Oberfläche der Welle unerwartet rau. Welche Ursachen kann diese unerwünschte Erscheinung haben?

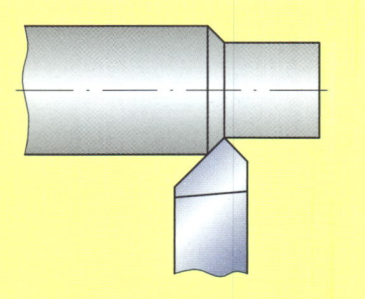

_____

_____

_____

_____

1 Aufbau einer konventionellen Drehmaschine

A Drehmaschinen

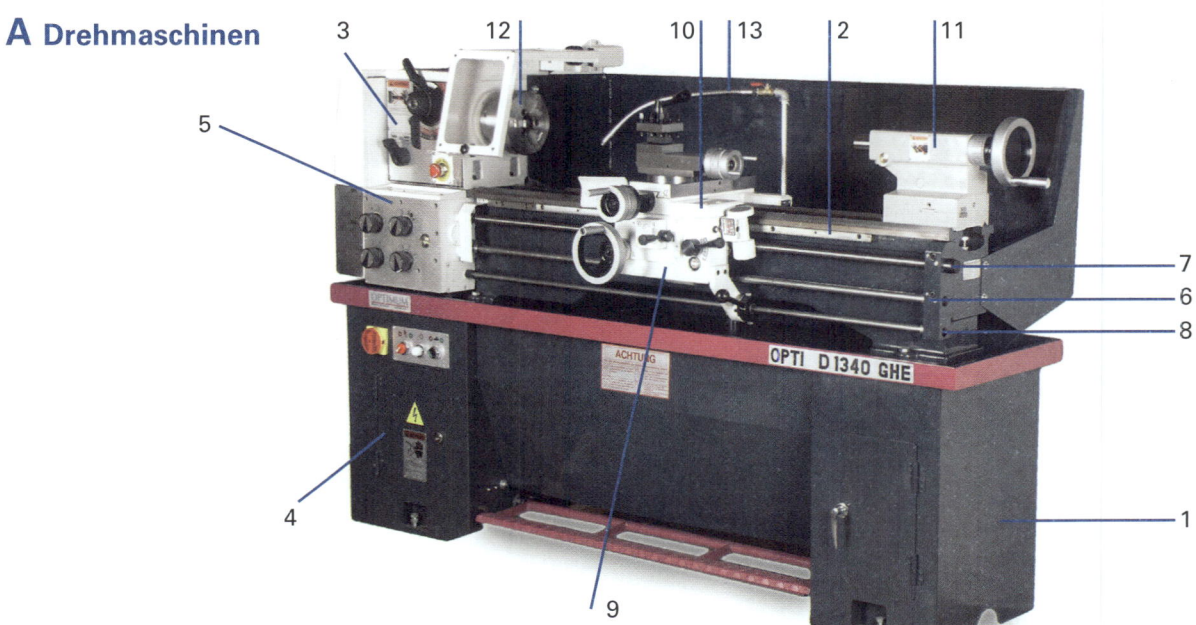

① Wie bezeichnet man die abgebildete Drehmaschine? Welchen Vorteil hat sie gegenüber anderen Drehmaschinen?

	Vorteil:
_____	_____
oder _____	_____
oder _____	_____

② Wie heißen die bezifferten Teile der Drehmaschine?

1	_____	7	_____
2	_____	8	_____
3	_____	9	_____
4	_____	10	_____
5	_____	11	_____
6	_____	12	_____
		13	_____

B Drehmaschinengröße

Die Größe einer Spitzendrehmaschine wird nach ihrer Spitzenhöhe und ihrer Spitzenweite bestimmt. Was versteht man unter diesen beiden Begriffen?

Spitzenhöhe =

_____

_____

_____

Spitzenweite =

_____

_____

_____

C Werkzeugschlitten

Wie heißen die bezifferten Teile des Werkzeugschlittens?

1 _____

2 _____

3 _____

4 _____

D Zug- und Leitspindel

① Wie unterscheiden sich Zugspindel und Leitspindel äußerlich?

Zugspindel

_____

_____

Leitspindel

_____

_____

② Welche Aufgaben haben Zugspindel und Leitspindel?

_____

_____

③ Bei welchen Dreharbeiten werden Zugspindel und Leitspindel jeweils verwendet?

Zugspindel

_____

_____

Leitspindel

_____

_____

E Reitstock

Welche Aufgaben hat der Reitstock?

a) _____

b) _____

2 Drehmeißel

A Arten der Drehmeißel

Nach der Lage ihrer Hauptschneide unterscheidet man rechte, linke und neutrale Drehmeißel. Für die normgerechte Benennung blickt der Betrachter auf die Spanfläche des Drehmeißels, der Schaft muss von ihm weggerichtet sein.

① Markieren Sie die Hauptschneide der abgebildeten Drehmeißel.

② Wie werden die Drehmeißel normgerecht bezeichnet?

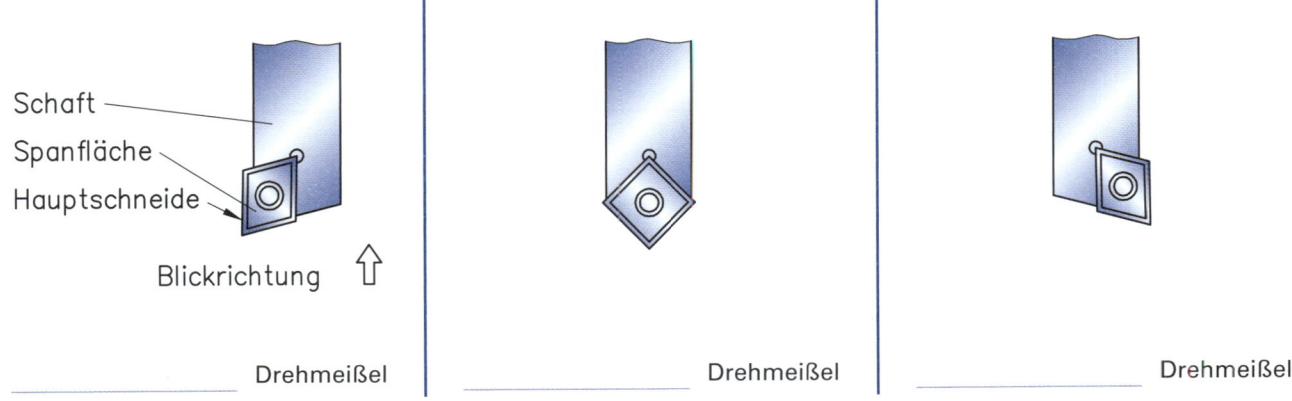

Schaft
Spanfläche
Hauptschneide
Blickrichtung ⇧

_____ Drehmeißel   _____ Drehmeißel   _____ Drehmeißel

B Formen der Drehmeißel

① Um nicht zeitaufwendig nachschleifen zu müssen, verwendet man heute bei Drehmeißeln meistens **Wendeschneidplatten**, die auf dem Halter (Meißelschaft) mit einer Klemmvorrichtung festgehalten werden.

Die folgenden Drehmeißel mit Wendeschneidplatten werden zum Außendrehen verwendet.

Notieren Sie

– im jeweiligen **Meißelschaft** die Benennung: R ≙ rechter Drehmeißel, L ≙ linker Drehmeißel, N ≙ neutraler Drehmeißel.

– Dreharbeiten, die damit ausgeführt werden können: *Längsdrehen, Plandrehen, Formdrehen, Nuten drehen, Gewinde drehen, Fasen drehen, Ecken drehen u. a.*

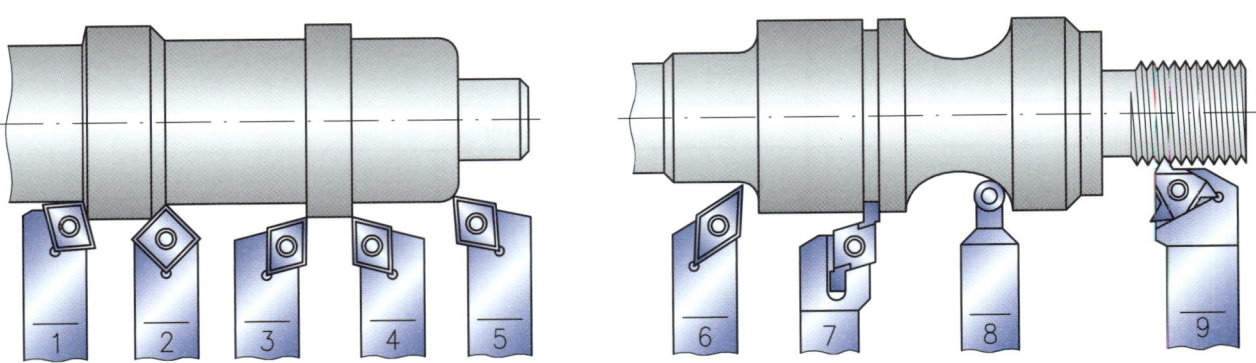

Dreharbeiten
1
2
3
4
5
6
7
8
9

② Die folgenden Drehmeißel werden zum Ausdrehen von Bohrungen (Innendrehen) verwendet.
Notieren Sie Dreharbeiten, die damit ausgeführt werden können.

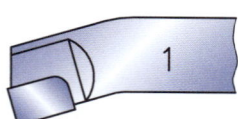  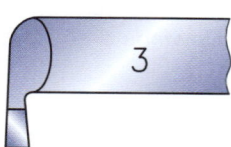

Dreharbeiten
1
2
3

C Schneidstoffe von Drehmeißeln

Welche Werkstoffe werden als Schneidstoffe beim Drehen verwendet?

Werkstoff	Zusammensetzung	Schnittgeschw. bei Stählen bis
		_____ m/min
		_____ m/min
		_____ m/min
		_____ m/min
		_____ m/min

zunehm. Warmfestigkeit

3 Flächen und Winkel an Drehmeißeln

A Flächen an der Drehmeißelschneide

① Zeichnen Sie farbig die Hauptschneide nach.

② Wie bezeichnet man die bezifferten Flächen und Kanten an der Drehmeißelschneide?

1 _____

2 _____

3 _____

4 _____

5 _____

6 _____

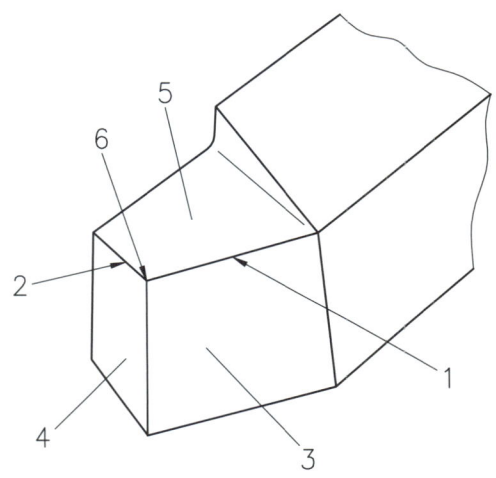

③ Warum ist die Schneidenecke gerundet?

a) _____

b) _____

B Winkel an der Drehmeißelschneide

① Wie bezeichnet man die eingetragenen Winkel?

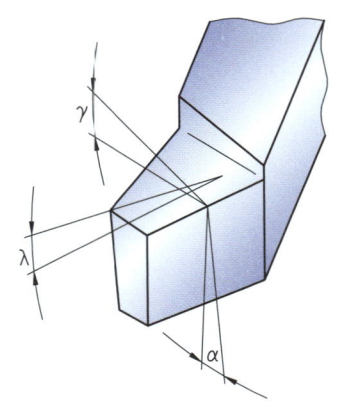

α _____

β _____

γ _____

λ _____

$\alpha + \beta$ _____

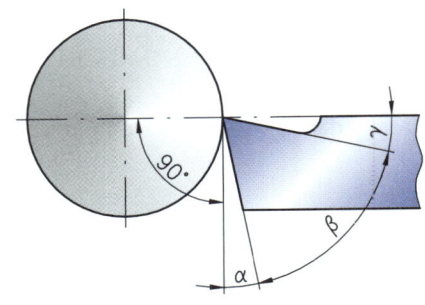

② Wie verändern sich die Winkel an der Drehmeißelschneide, wenn der Drehmeißel über oder unter Mitte eingespannt wird?

Drehmeißel über Mitte

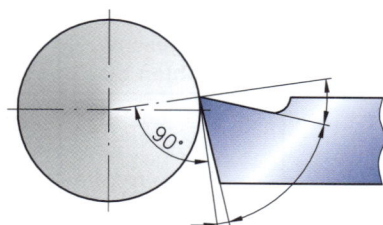

Drehmeißel unter Mitte

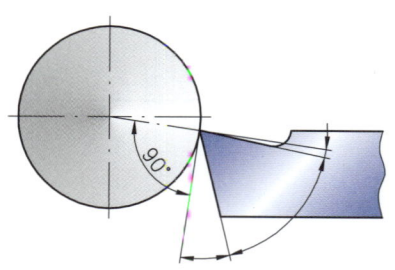

Der **Frei**winkel wird _____ .

Der **Span**winkel wird _____ .

Der **Frei**winkel wird _____ .

Der **Span**winkel wird _____ .

③ Man unterscheidet positive und negative Neigungswinkel. Welche besonderen Vorteile sind damit jeweils verbunden?

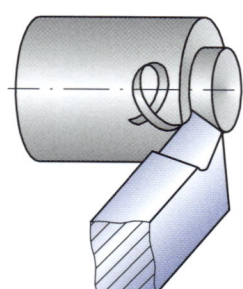

_____ Neigungswinkel

Vorteil: _____

_____

_____

_____

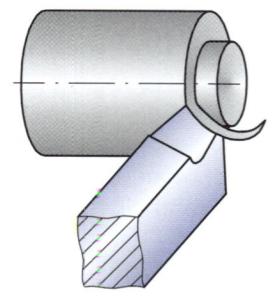

_____ Neigungswinkel

Vorteil: _____

_____

_____

_____

④ Wie heißen die Winkel **κ** (kappa) und **ε** (epsilon) an der Drehmeißelschneide?

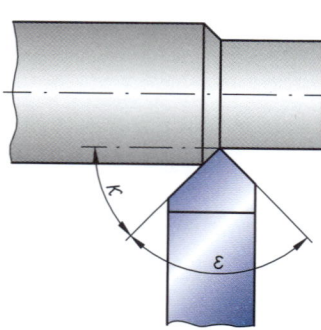

$κ =$ _____ -winkel

$ε =$ _____ -winkel

Warum darf der Eckenwinkel nicht zu klein sein?

_____

Wie groß wird im Allgemeinen der Einstellwinkel gewählt?

Einstellwinkel

_____ ... _____

Wie muss der Drehmeißel eingestellt werden, wenn Wellen mit kleineren Durchmessern längsrundgedreht werden?

_____

_____

_____

_____

_____

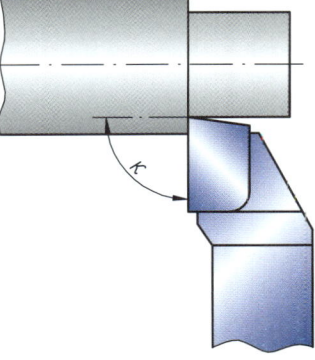

C Spanungsquerschnitt

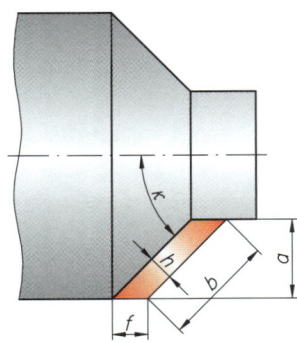 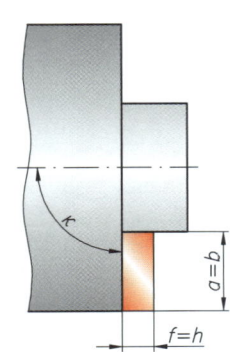

① Form und Größe des Spanungsquerschnitts hängen ab von der **Schnitttiefe** a (= Zustellung), dem **Vorschub** f (= seitliche Bewegung des Drehmeißels pro Umdrehung) und dem **Einstellwinkel** κ. Welche Maße am Spanungsquerschnitt werden von diesen Größen jeweils bestimmt?

a hängt ab von _____

b hängt ab von _____

f hängt ab von _____

h hängt ab von _____

② Welche Auswirkung haben Größe und Form des Spanungsquerschnitts auf die Dreharbeit?

Spanungsquerschnitt beeinflusst ⟩ _____

③ Für eine gute Zerspanung und Oberfläche ist das Verhältnis von $b : h$ oder $a : f$ wichtig. In welchem Verhältnis sind die Einstellwerte am günstigsten?

_____

4 Spannmittel für Werkzeuge und Werkstücke

A Spannvorrichtung für Drehmeißel

① Wie bezeichnet man den abgebildeten Werkzeughalter?

_____

Welchen Vorteil hat diese Spannvorrichtung?

_____

_____

_____

_____

Spannvorrichtung

auswechselbarer Halter für Drehmeißel

② Welche Regeln gelten beim Einspannen des Drehmeißels?

a) Der Drehmeißel soll möglichst _____ und

_____ eingespannt werden.

b) Der Drehmeißel wird gewöhnlich auf _____

des Werkstücks eingestellt.

Ausnahme: Bei **Schrupp**arbeiten kann der Drehmeißel auch etwas über Mitte (ca. 2 % des Werkstückdurchmessers) eingestellt werden.

Spannvorrichtung mit montiertem Werkzeughalter und Werkzeug

B Spannfutter

① Welche Werkstücke können in Dreibackenfutter, welche in Vierbackenfutter eingespannt werden?

Dreibackenfutter	**Vierbackenfutter**

_____ Werkstücke	_____ Werkstücke
_____ Werkstücke	_____ Werkstücke
_____ Werkstücke	_____ Werkstücke
_____ Werkstücke	_____ Werkstücke

Drehfutter mit Spiralring

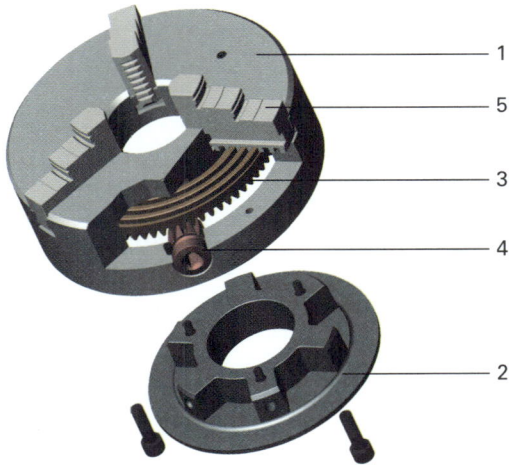

② Beschreiben Sie die Wirkungsweise des Drehfutters mit Spiralring.

Keilstangenfutter

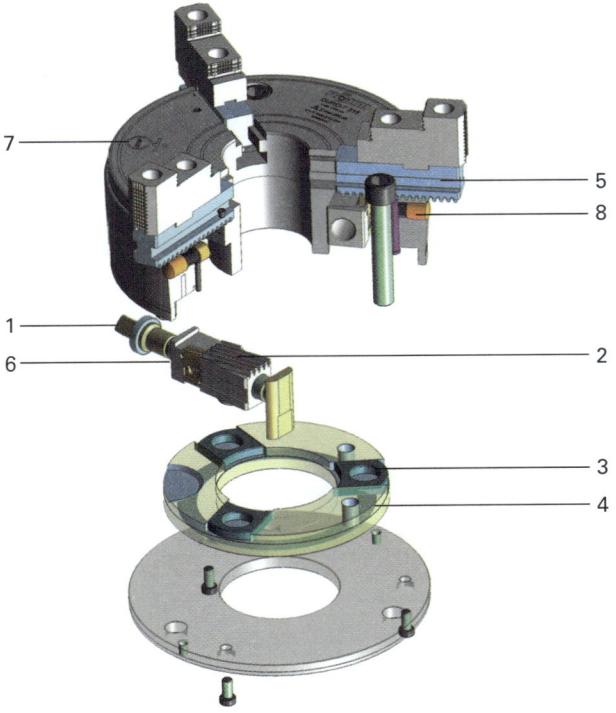

③ Durch die Gewindespindel (1) wird die Kraft auf die Keilstange (2) übertragen. Die Keilstange bewegt über einen Gleitstein (3) den Treibring (4), welcher die Kraft auf die anderen Keilstangen leitet. Die Keilstangen verschieben mit ihrem schräg verlaufenden Profil die Grundbacken (5).

Welche Vorteile hat das Keilstangenfutter?

Was ist beim Keilstangenfutter besonders zu beachten?

C Planscheibe

① Wie ist eine Planscheibe aufgebaut?

② Für welche Werkstücke werden Planscheiben verwendet?

③ Wodurch kann man einen unruhigen Lauf aufgrund ungleichmäßiger Gewichtsverteilung verhindern?

D Spannen zwischen Spitzen

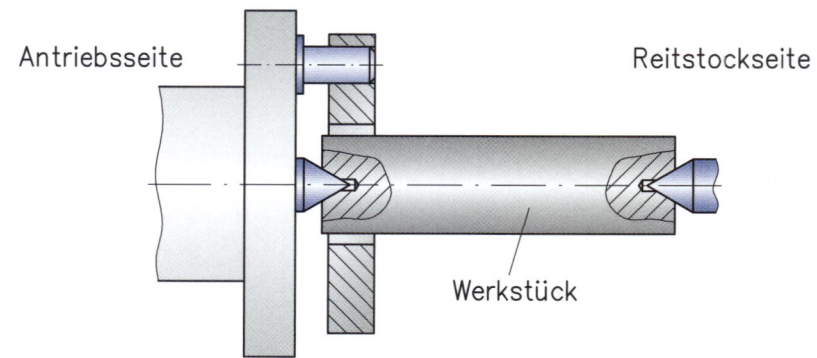

Antriebsseite — Reitstockseite

Werkstück

① Welche Spannwerkzeuge kommen bei der oben abgebildeten Spannung zum Einsatz?

Antriebsseite

Reitstockseite

② Wie werden die abgebildeten Spannwerkzeuge genannt?

③ Wie erfolgt die Mitnahme des Werkstücks beim Stirnseitenmitnehmer?

Welche Vorteile hat der Stirnseitenmitnehmer?

**Vorteile Stirn-
seitenmitnehmer**

④ Begründen Sie, warum im Reitstock eine mitlaufende Zentrierspitze montiert werden soll.

5 Kegeldrehen

A Herstellungsverfahren

Geben Sie an,
a) wie die Bezeichnung des jeweiligen Kegeldrehverfahrens lautet,
b) welche Arten von Kegeln (kurz – lang – schlank) mit den einzelnen Verfahren hergestellt werden können,
c) welche Vorteile die einzelnen Verfahren haben.

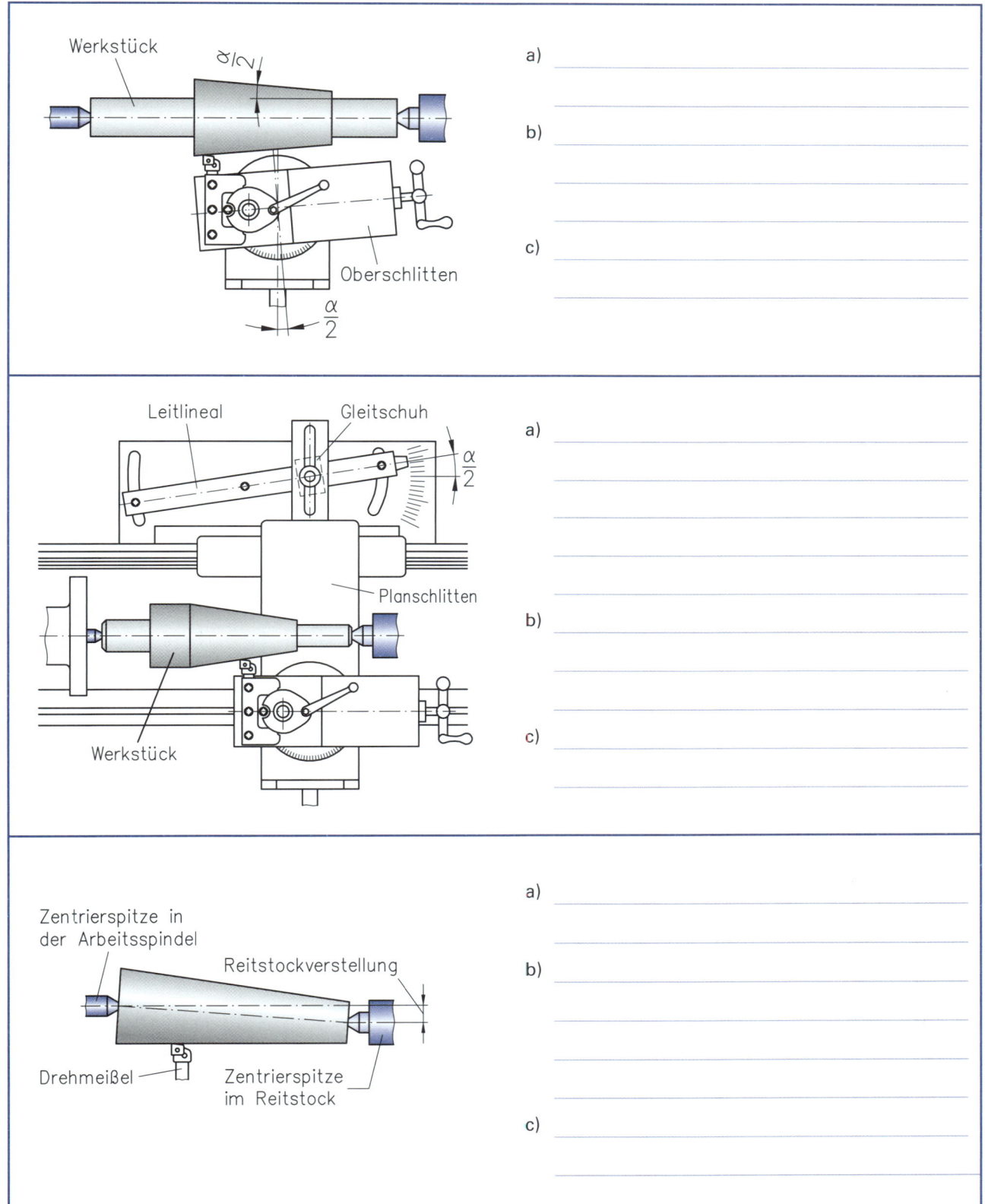

a)

b)

c)

a)

b)

c)

a)

b)

c)

B Oberschlittenverstellung und Leitlineal

①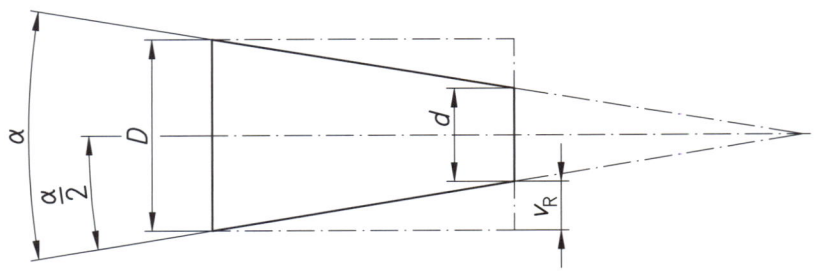

Wie nennt man die Winkel α und $\frac{\alpha}{2}$?

Welche praktische Bedeutung hat der Winkel $\frac{\alpha}{2}$ für das Kegeldrehen?

②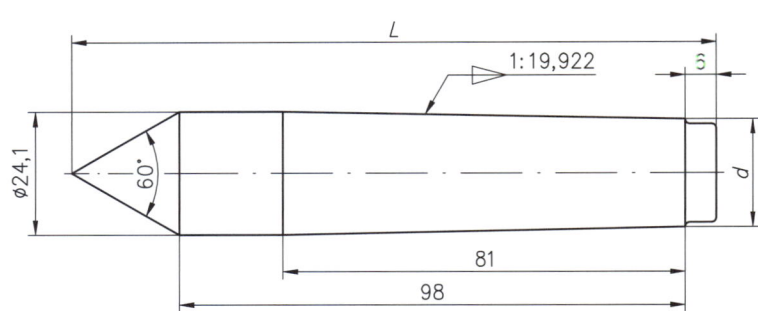

Die abgebildete Zentrierspitze hat einen Morsekegel MK3.
Berechnen Sie

a) den Einstellwinkel $\frac{\alpha}{2}$ in Grad, Minuten und Sekunden,

b) den Durchmesser d,

c) die Gesamtlänge L.

C Reitstockverstellung

① Stellen Sie mithilfe der Zeichnung S. 50 B ① die Formel für die Reitstockverstellung v_R auf.

$$v_R =$$

Welche praktische Bedeutung hat das Maß v_R für das Kegeldrehen?

_____

_____

② Was muss bei der Reitstockverstellung beachtet werden?

a) _____

b) _____

③

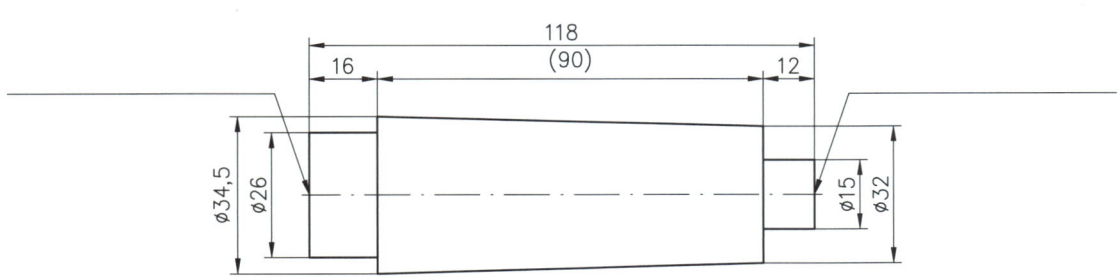

Am abgebildeten Werkstück soll der Kegel durch Kegeldrehen mit Reitstockverstellung hergestellt werden.
a) Tragen Sie geeignete Zentrierbohrungen in die Zeichnung ein.
b) Berechnen Sie
   – die Reitstockverstellung v_R,
   – die maximal zulässige Reitstockverstellung v_{Rmax}.

D Kegeldrehen mit CNC-Drehmaschinen

Am einfachsten erfolgt das Kegeldrehen an CNC-Maschinen. Dort werden die Koordinatenpunkte mit Geradeninterpolation (G01) programmiert.

Ergänzen Sie das CNC-Programm für den oben abgebildeten Kegel.

Nr.	G	X	Z
N...	G01	X15	Z0
N...			
N...			
N...			

Beim unten abgebildeten Schraubstock ist das Gewinde der Spannschraube beschädigt. Sie erhalten die Aufgabe, die Fertigung einer neuen Spannschraube aus dem Maschinenbaustahl E360+C zu planen und das Drehteil herzustellen.

Informieren/orientieren Sie sich, indem Sie ...
- sich die Funktion und den Einsatz des Schraubstocks überlegen,
- sich mit der Teilzeichnung vertraut machen,
- sich die Bemaßung des Gewindes überlegen,
- sich mit der Herstellung von Gewinden auf der Drehmaschine beschäftigen.

Planen/entscheiden Sie, indem Sie ...
- sich über den Werkstoff und das geeignete Rohteil informieren,
- einen Arbeitsplan für die Fertigung des gesamten Werkstücks erstellen,
- Spannmittel und Drehmeißel auswählen,
- Schnittdaten auswählen.

Führen Sie Ihren Auftrag aus, indem Sie ...
- Drehzahl, Zustellung und Hauptnutzungszeit berechnen,
- das Werkstück fertigen,
- die Arbeitssicherheit beachten.

Kontrollieren Sie, indem Sie ...
- sich mit Prüfmöglichkeiten für Gewinde beschäftigen,
- mögliche Abweichungen begründen.
- das Werkstück prüfen,

Bewerten und dokumentieren Sie, indem Sie ...
- den Arbeitsablauf kritisch überdenken,
- mögliche Verbesserungen überlegen,
- Ihre Ergebnisse mit denen anderer Schüler vergleichen.

Information

Machen Sie sich mit der Teilzeichnung vertraut und ergänzen Sie das Schriftfeld.

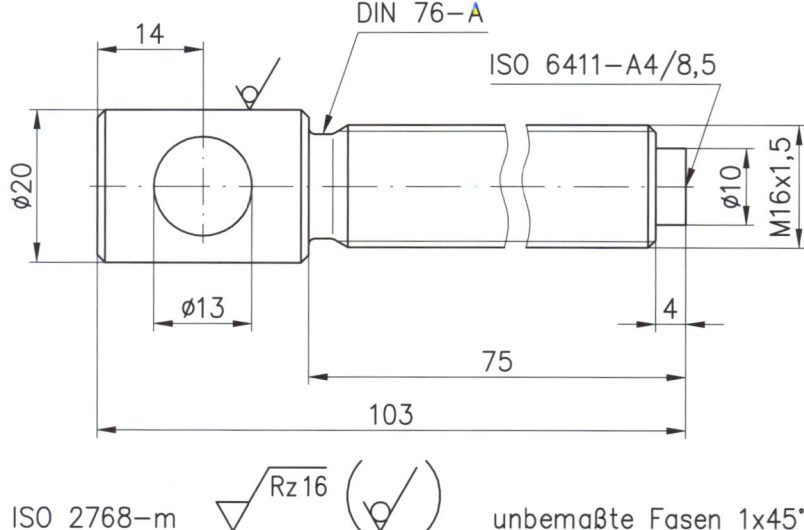

DIN 76–A
ISO 6411–A4/8,5
14
⌀20
⌀13
M16x1,5
⌀10
4
75
103
ISO 2768–m   Rz 16   unbemaßte Fasen 1x45°

Datum		Werkstoff	
Gezeichnet		Rohteil	
Spannschraube			

A Gewindesteigung und Vorschub

Welcher Zusammenhang besteht zwischen der Steigung des Gewindes, das gedreht werden soll, und dem Vorschub (in mm/U) des Gewindedrehmeißels?

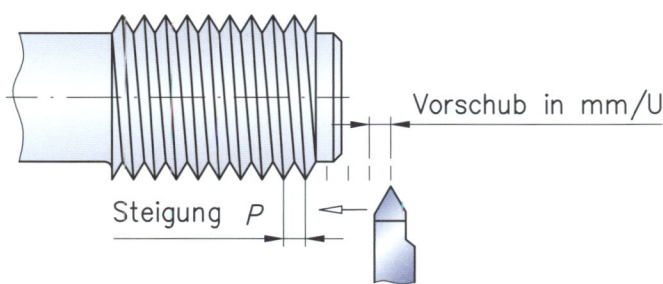

B Arbeitsregeln

① Welche Vorbereitungen müssen an der Drehmaschine vor dem Gewindedrehen getroffen werden?

Stellung Drehmeißel:

_____

_____

Stellung Drehmeißel:

_____

_____

_____

Vorschubschaltung:

_____

Schnittgeschwindigkeit:

_____

② Welche Arbeitsregel muss **während** des Gewindedrehens beachtet werden?

Schlossmutter:

_____

_____

③ Was muss beim Erreichen des Gewindeauslaufs beachtet werden?

_____

_____

_____

Planung

① Sammeln Sie die notwendigen Informationen für die Herstellung der Spannschraube und erläutern Sie die Zeichnungsangaben.

Werkstoff: _____

Zugfestigkeit: _____ Streckgrenze: _____

Halbzeug: _____

Gewinde: _____

_____

Gewindefreistich: _____ Durchmesser: _____

Breite: _____

Zentrierbohrung: _____ Zentrierbohrer: _____

$d_1 =$ _____ $d_2 =$ _____

② Erstellen Sie den Arbeitsplan für die Fertigung der Spannschraube und wählen Sie Schnittgeschwindigkeit und Vorschub für folgende Werkzeuge:
Drehen mit beschichteten Hartmetall-Werkzeugen,
Bohren mit HSS-Werkzeugen.

Nr.	Arbeitsgang	Werkzeug/Hilfsmittel	Schnittgeschw.	Vorschub
1				
2				
3				
4				
5				
6				
7				
8				
9				
10				
11				
12				
13				
14				

Wer beim Gewindedrehen nicht geübt ist, sollte die Schnittgeschwindigkeit bzw. Drehzahl deutlich reduzieren, um Unfälle zu vermeiden. Zur Übung sollten Sie nur Werkstücke ohne Ansatz verwenden.

Ausführung

① Berechnen Sie die Drehzahlen beim Längsrunddrehen:
   a) für das Schruppen auf ∅17 mm
   b) für das Schlichten auf ∅16 mm

② Berechnen Sie die Hauptnutzungszeit für das Längsrunddrehen Schruppen und Schlichten. Der Anlauf soll 1mm betragen.

③ Berechnen Sie die Zustellung beim Gewindedrehen der Spannschraube.

④ Beim Gewindedrehen werden bei der Zustellung verschiedene Möglichkeiten unterschieden:

Zustellungsart	Anwendung
Radiale Zustellung:	
Flankenzustellung:	
Wechselseitige Zustellung:	

Welche Zustellungsart wählen Sie?

Die Flankenzustellung ist beim Gewindedrehen die gängigste Methode. Dabei wird der Drehmeißel senkrecht und seitlich zugestellt. Bei einer Schnitttiefe von 0,2 mm wird seitlich maximal die Hälfte verstellt. Beachten Sie, dass sich am Planschlitten die Zustellung verdoppelt!

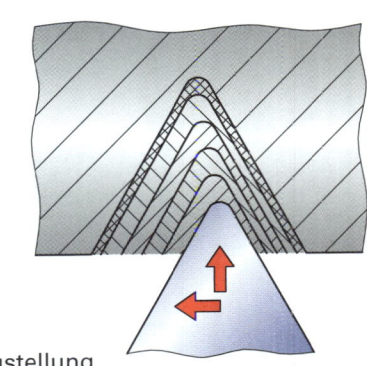

Flankenzustellung

⑤ Bei der Zustellung werden die einzelnen Schnitte degressiv (= abnehmende Größe) aufgeteilt.
Erstellen Sie eine Tabelle für die Zustellung beim Gewindedrehen der Spannschraube.
Wählen Sie sechs Schnitte, wobei die erste Zustellung (Schnitttiefe) 0,25 mm betragen soll.

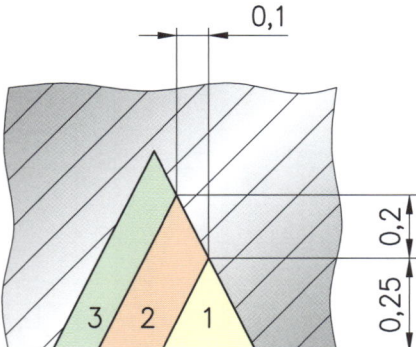

	Zustellung am Planschlitten	Zustellung Schnitttiefe	seitliche Zustellung
1	0,5	0,25	–
2			
3			
4			
5			
6			
Gesamt			
Schlichten			

Kontrolle

① Welche Möglichkeiten, Gewinde zu prüfen, gibt es? Benennen Sie die abgebildeten Gewindeprüfwerkzeuge und erläutern Sie deren Verwendung.

Prüfwerkzeug	Bezeichnung	Verwendung

② Was bedeutet die Angabe 6g auf dem Gewindelehrring?

_____

_____

③ Welche Bestimmungsgrößen sind für die Qualität eines Gewindes besonders wichtig? Geben Sie die Benennungen und die Maße für das gefertigte Gewinde M16 × 1,5 an.

Bestimmungsgrößen		Maße
_____	→	_____
_____	→	_____
_____	→	_____

④ Ergänzen Sie das Prüfprotokoll für die Qualitätskontrolle der Spannschraube.

Prüfmerkmal	Höchstmaß	Mindestmaß	Prüfmittel	Istmaß	Bemerkung
75					
14					
Freistich Ø _____					
Freistichbreite _____					
Flanken ØM16 6g					

Bewertung

① Überdenken Sie den Arbeitsablauf kritisch und überlegen Sie Verbesserungen.

② Präsentieren Sie die Ergebnisse Ihren Mitschülern.

③ Welche Vorteile hat ein Feingewinde gegenüber einem Regelgewinde?

④ Überlegen Sie weitere Möglichkeiten der Fertigung von Außengewinden.

Problemstellung:

Fräsen ist ein vielseitig anwendbares spanendes Verfahren.
Mit welchen der abgebildeten Fräser können die angedeuteten Arbeiten bewältigt werden?
(Tragen Sie die entsprechenden Buchstaben im Werkstück ein.)

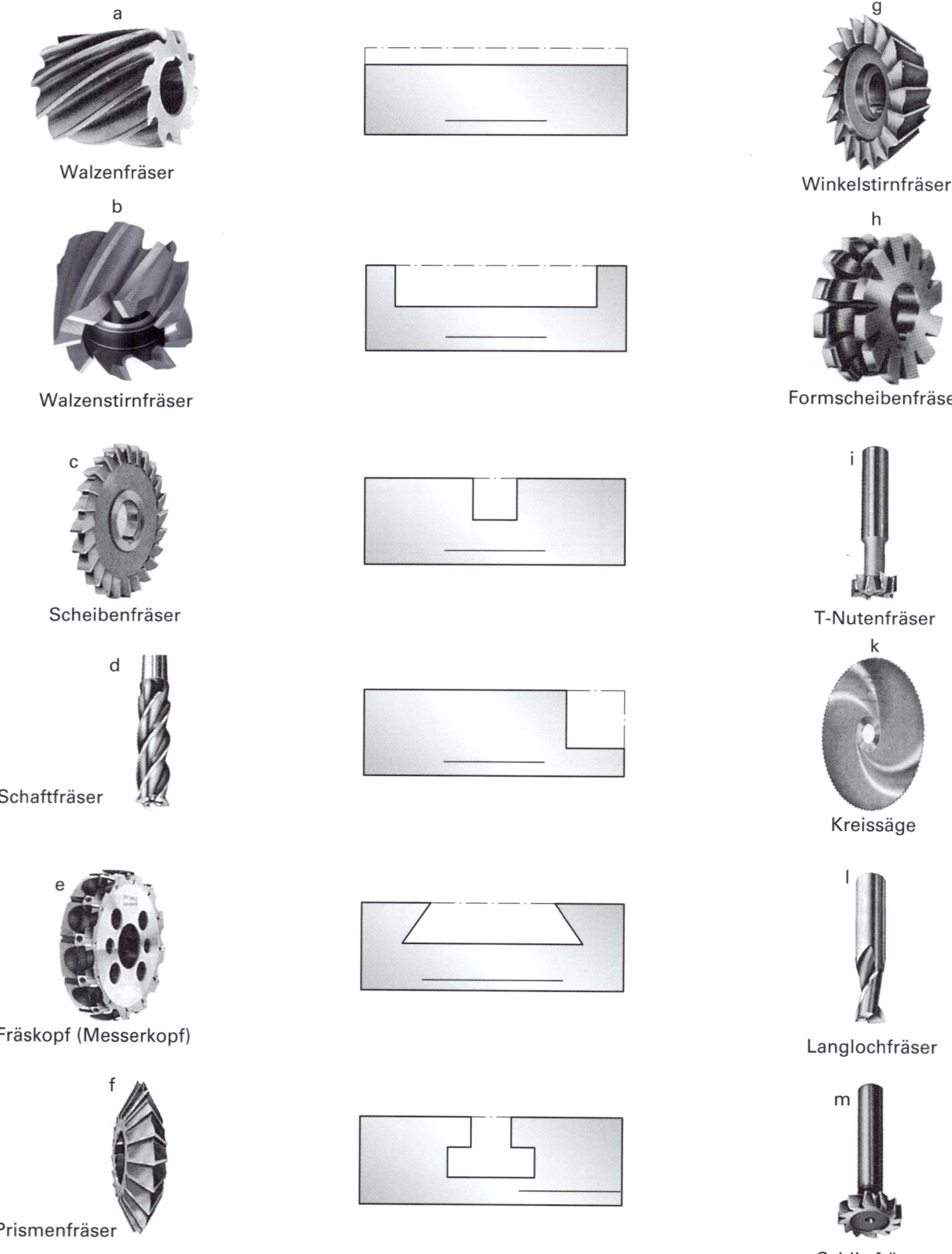

a
Walzenfräser

b
Walzenstirnfräser

c
Scheibenfräser

d
Schaftfräser

e
Fräskopf (Messerkopf)

f
Prismenfräser

g
Winkelstirnfräser

h
Formscheibenfräser

i
T-Nutenfräser

k
Kreissäge

l
Langlochfräser

m
Schlitzfräser

A Aufbau einer konventionellen Universal-Fräsmaschine

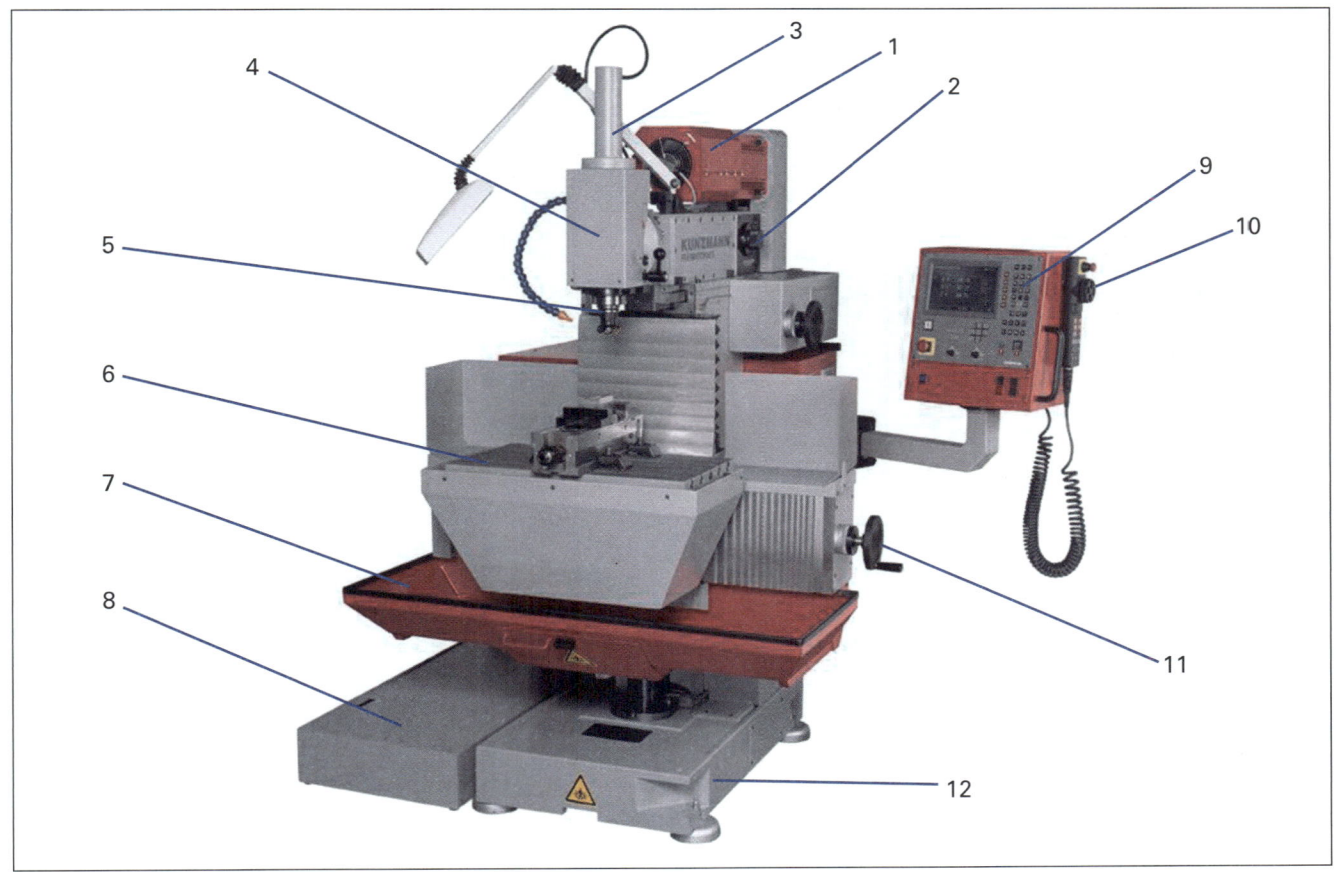

① Wozu wird eine Universal-Fräsmaschine eingesetzt?

_____

② Wie werden die nummerierten Teile der Fräsmaschine bezeichnet?

1 _____	7 _____
2 _____	8 _____
3 _____	9 _____
4 _____	10 _____
5 _____	11 _____
6 _____	12 _____

B Arten des Fräsens

① Welche zwei Grundarten des Fräsens unterscheidet man?

Fräserachse und **zu bearbeitende Fläche stehen**

_____ zueinander.

② Welche Form hat der Span?

_____

_____

Fräserachse und **zu bearbeitende Fläche stehen**

_____ zueinander.

Welche Form hat der Span?

_____

_____

C Umfangsfräsen (Walzfräsen)

① Welche zwei Arten des Umfangsfräsens unterscheidet man?

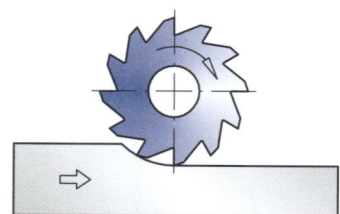

_____

② Skizzieren Sie die Form des Spans, der bei beiden Verfahren entsteht.

Zu welchem Zeitpunkt der Spanabhebung ist der Span am dicksten?

_____

_____

_____

③ Welche **Nachteile** hat das **Gegenlauf**fräsen?

_____

_____

_____

_____

Welche **Vorteile** hat das **Gleichlauf**fräsen?

_____

_____

_____

_____

_____

D Stirnfräsen

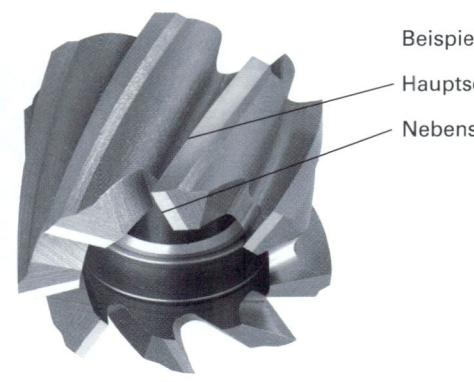

Beispiel: Walzenstirnfräser

Hauptschneide

Nebenschneide

① Welche Aufgaben erfüllen die Hauptschneiden und die Nebenschneiden am Stirnfräser?

Hauptschneiden: _____

_____

Nebenschneiden: _____

_____

② Welche Vorteile hat das Stirnfräsen gegenüber dem Umfangsfräsen?

Vorteile des Stirnfräsens ⟨ _____

_____

_____

E Schnittgeschwindigkeit und Vorschub

In welchen Maßeinheiten werden die Schnittgeschwindigkeit und der Vorschub beim Fräsen angegeben?

Schnittgeschwindigkeit

_____

Vorschub

_____ oder _____

F Spannwerkzeuge

a) Wie bezeichnet man die folgenden Spannwerkzeuge für Fräser?
b) Welche Fräser werden damit aufgespannt? (Nennen Sie Beispiele.)
c) Wie wird das Drehmoment auf das Werkzeug übertragen?

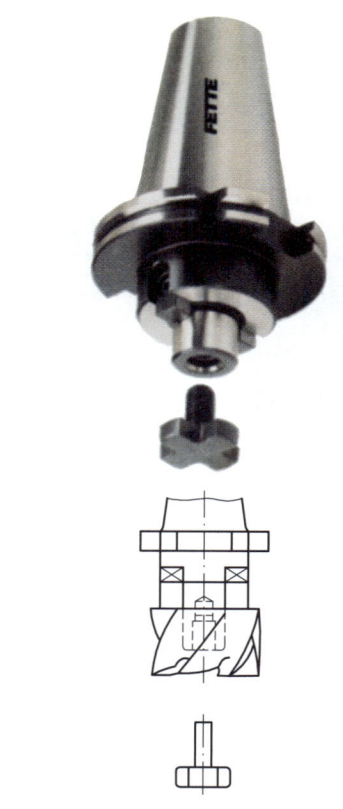

a) _____

b) _____

c) _____

a) _____

b) _____

c) _____

a) _____

b) _____

c) _____

Die Bohrvorrichtung S. 31 soll gefertigt werden. Sie erhalten die Aufgabe, die Fertigung des Schiebers (Pos. 6) zu planen.

Informieren/orientieren Sie sich, indem Sie ...
• sich mit der Gesamtzeichnung und Stückliste S. 31 beschäftigen,
• sich mit der Teilzeichnung S. 64 vertraut machen,
• sich Gedanken über den Werkstoff machen.

Planen/entscheiden Sie, indem Sie ...
• die Bemaßung des Schiebers ergänzen,
• sich den Fertigungsablauf überlegen.

Führen Sie Ihren Auftrag aus, indem Sie ...
• einen Arbeitsplan für die Fertigung des Werkstücks erstellen,
• Rüst- und Einsatzzeiten schätzen,
• Drehzahl und Vorschub berechnen,
• die Hauptnutzungszeit berechnen,
• das Spanvolumen berechnen.

Kontrollieren Sie, indem Sie ...
• ein Prüfprotokoll erstellen,
• sich Gedanken über mögliche Messfehler machen.

Bewerten und dokumentieren Sie, indem Sie ...
• den Arbeitsablauf kritisch überdenken,
• sich den pneumatischen Schaltplan überlegen,
• Ihre Ergebnisse mit denen anderer Schüler vergleichen.

Information

① Welche Aufgabe erfüllt der Schieber (Pos. 6) in der Bohrvorrichtung S. 31?

_____

_____

_____

② Welche Aufgabe hat das federnde Druckstück (Pos. 9)?

_____

_____

③ Notieren Sie den Werkstoff des Schiebers (Pos. 6) aus der Stückliste und erläutern Sie seine Benennung und Festigkeit.

Werkstoff _____   **Werkstoffnummer** _____

(Stahlsorte)

JR ≙ _____

C ≙ _____

+C ≙ _____

Zugfestigkeit R_m: _____   Streckgrenze R_e: _____

④ Der Stabstahl für den Schieber wurde bei der Herstellung kaltgezogen. Überlegen Sie äußere Unterschiede von warmgewalzten und kaltgezogenen Stabstählen.

warmgewalzt   **kaltgezogen**

———————————————————— Oberfläche ————————— ————————————————

——————————————————————— Kanten ————————————— ————————————————

————————————— Maßtoleranz ——————————

Planung

① Planen Sie die fehlenden Maße des Schiebers (Pos. 6) und tragen Sie diese in die Zeichnung ein.

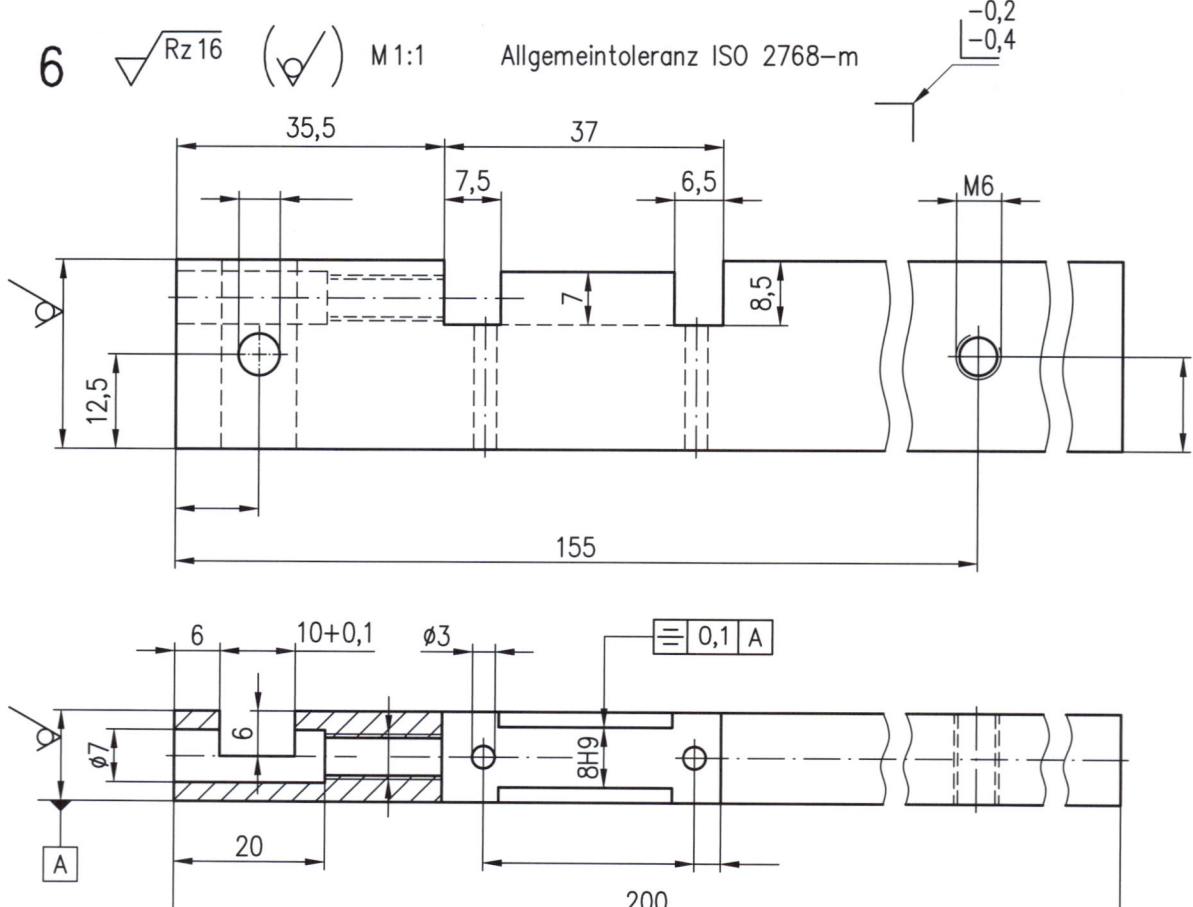

② Was ist bei der Fertigung der Bohrung ⌀ 7 und der Nut 10+0,1 besonders zu beachten?

_____

③ Was bedeutet folgende Angabe in der Teilzeichnung des Schiebers?

⌿ | 0,1 | A

_____

_____

Ausführung

① Erstellen Sie den Arbeitsplan für die Fertigung des Schiebers. Verwenden Sie für die Bearbeitung Richtwerte von HSS-Bohrern und HSS-Fräsern. Schätzen Sie die Rüstzeit t_r und die Zeit je Einheit t_e, die für die Fertigung vermutlich erforderlich sind.

Arbeitsplan für Schieber

Nr.	Arbeitsgang	Werkzeug/Hilfsmittel	Rüstzeit t_r	Zeit je Einheit t_e
			Gesamt	

② Wählen Sie die Schnittdaten für die Fräserarbeiten zur Fertigung des Schiebers.

Werkzeug	Werkstoff	Anzahl Schneiden	Schnittgeschwin-digkeit v_c	Vorschub je Schneide f_z	Schnitttiefe a_p max

③ Berechnen Sie die Drehzahl und den Vorschub für das Fräsen der Nut mit der Breite 7,5 mm.

④ Berechnen Sie den Vorschubweg und die Hauptnutzungszeit für das Fräsen der Nut mit der Breite 7,5 mm. Wählen Sie für An- und Überlauf je 1mm. Überlegen Sie, wie viele Schnitte erforderlich sind, um die Nut zu fertigen.

Zustellung in der Tiefe: _____   Zustellung seitlich: _____   Schnitte gesamt: _____

⑤ Berechnen Sie, welches Volumen des Werkstoffs beim gesamten Fräsen des Schiebers zerspant wird. Berechnen Sie das Spanvolumen in Prozent.

Kontrolle

① Ergänzen Sie für die Qualitätskontrolle das vorgegebene Prüfprotokoll.

Prüfmerkmal	Sollmaß		Prüfmittel	Istmaß	Bemerkung
	Höchstmaß	Mindestmaß			
37					
7,5					
8H9					
10+0,1					
Symmetrie					

② Überlegen Sie spezielle Ursachen von Messfehlern und tragen Sie diese in die Tabelle ein.

	beim Messenden	beim Messgerät	beim Messstück
Messschieber			
Messschraube			
Messuhr			

Bewertung

① Überdenken Sie die gesamte Lernsituation kritisch und vergleichen Sie Ihre Arbeitsergebnisse mit denen Ihrer Mitschüler.

② Überlegen Sie den pneumatischen Schaltplan, um die Bohrvorrichtung pneumatisch mit Zweihandsteuerung zu betätigen.

③ Die Bohrvorrichtung ist sehr gut als Prüfungsvorbereitung für Teil 1 der Abschlussprüfung geeignet. Wenn Sie die Möglichkeit haben, die Werkstücke zu fertigen, skizzieren Sie in Gruppenarbeit die restlichen Werkstücke und produzieren Sie die Bohrvorrichtung.

Überlegung:

Um die Kotflügel eines Pkw mit der Karosserie zusammenzubauen (= zusammenzufügen), werden heute zwei Verfahren angewendet: Anschrauben und Verschweißen.

Welche Vor- und Nachteile haben in diesem Fall die beiden Fügeverfahren?

Anschrauben	**Verschweißen**
Vorteil: _____	Vorteil: _____
_____	_____
Nachteil: _____	Nachteil: _____
_____	_____

A Überblick

Werkstücke müssen oft miteinander verbunden – „gefügt" – werden. Es gibt viele Möglichkeiten des Fügens: durch *Schrauben, Stifte, Niete, Federn, Kleben, Löten, Schweißen, Einpressen, Keile, Schrumpfen.*

① Beim Fügen unterscheidet man zwei grundsätzliche Arten von Verbindungen: lösbare und unlösbare. Ordnen Sie die oben genannten Verbindungsmöglichkeiten ein.

lösbare Verbindungen	**unlösbare Verbindungen**
a) _____	a) _____
b) _____	b) _____
c) _____	c) _____
d) _____	d) _____
e) _____	e) _____

Als **lösbare** Verbindungen bezeichnet man solche Verbindungen, die jederzeit _____ und wieder

_____ werden können.

Als **unlösbare** Verbindungen bezeichnet man solche Verbindungen, die nur gelöst werden können, wenn das Verbindungselement _____ wird.

② Nach Art des Zusammenhalts – des „Schlusses" (von „zusammen-schließen") – unterscheidet man drei grundsätzliche Arten von Verbindungen: kraftschlüssige, formschlüssige, stoffschlüssige Verbindungen. Ordnen Sie die oben genannten Verbindungsmöglichkeiten ein.

kraftschlüssige Verbindungen	formschlüssige Verbindungen	stoffschlüssige Verbindungen
Prinzip: Verbindung durch	**Prinzip**: Verbindung durch	**Prinzip**: Verbindung durch
a)	a)	a)
b)	b)	b)
c)	c)	c)
d)	d)	d)
e)	e)	e)

③ Manche Verbindungen sind „mehrschlüssig". Stellen Sie die verschiedenen Schlüsse (k = kraftschlüssig; f = formschlüssig; s = stoffschlüssig) bei den folgenden Verbindungen fest. Notieren Sie an erster Stelle den wichtigsten Schluss.

Niete _____   Schrauben _____

Keile _____   Spannstift _____

B Kraftschluss

① Ziehen Sie die Folgerungen aus den beiden skizzierten Versuchsreihen. (Die Größe der Pfeile stellt die Größe der wirkenden Kräfte dar. Für beide Versuchsreihen gilt trockene Reibung.)

Versuchsreihe 1:

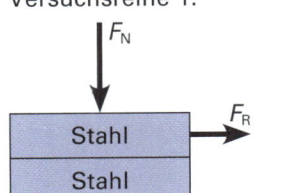

Folgerung: Die Größe der Reibungskraft

F_R hängt ab von _____

_____

_____

Versuchsreihe 2:

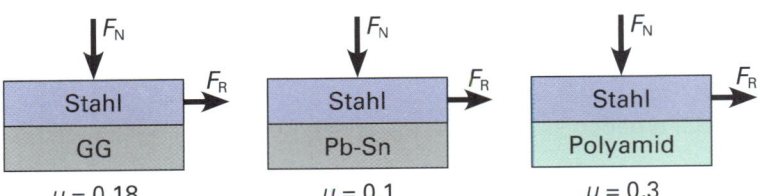

$\mu = 0{,}18$ $\mu = 0{,}1$ $\mu = 0{,}3$

Folgerung: Die Größe der Reibungskraft F_R hängt ab von

_____

_____

($\triangleq$ Reibungszahl μ)

(Beachte: Die Reibungskraft ist unabhängig von der Größe der gleitenden Fläche.)

② Die Reibungskraft F_R, die Anpresskraft (Normalkraft) F_N und die Reibungszahl μ stehen in einem bestimmten Verhältnis zueinander. Dieses Verhältnis lässt sich in einer physikalischen Formel ausdrücken:

$$F_R = F_N \cdot \mu$$

Welche praktische Folgerung ergibt sich daraus für die abgebildete kraftschlüssige Verbindung?

Welle

Klemm-stück

Schraube

Je größer das **Anzugsmoment** der Schraube, umso _____

die **Anpresskraft** des Klemmstücks, d. h., umso _____ der

Kraftschluss.

C Stoffschluss: Schweißen

① Was geht beim Schweißen an der Fügestelle vor sich?

Die Verbindung zwischen den Werkstücken wird hergestellt, indem

_____

_____

_____

② Welche Regel gilt dabei bezüglich des Werkstoffs?

_____

D Stoffschluss und Kohäsion

① Das Schweißen hat mit der physikalischen Erscheinung der Kohäsion zu tun. Was versteht man unter Kohäsion?

Kohäsion ≙ _____

_____

② Welche körperlichen Zustände (Aggregatzustände) ergeben sich bei den folgenden Kohäsionsbedingungen?

a) **sehr große** Kohäsion ⟶ _____

b) **geringe** Kohäsion ⟶ _____

c) **keine** Kohäsion ⟶ _____

③ Welcher Einfluss verringert die Kohäsion eines Körpers?

_____

④ Inwiefern beruht das stoffschlüssige Fügeverfahren des Schweißens auf der Kohäsion?

a) Erwärmen der Werkstücke ⟶ _____

_____

b) Erkalten der Werkstücke ⟶ _____

_____

E Stoffschluss: Kleben

① Was geht beim Kleben an der Fügestelle vor sich?

_____

_____

_____

Kleb—stoff

② Welche Arbeitsregeln muss man beachten, wenn man eine gute Klebeverbindung erhalten will?

a) _____

b) _____

c) _____

d) _____

e) _____

③ Welche Vor- und Nachteile hat das Kleben?

Vorteile	**Nachteile**

F Stoffschluss und Adhäsion

① Das Kleben hat mit der physikalischen Erscheinung der Adhäsion zu tun. Was versteht man unter Adhäsion?

Adhäsion ≙ _____

_____

② Inwiefern beruht das stoffschlüssige Fügeverfahren des Klebens auf Adhäsion und Kohäsion?

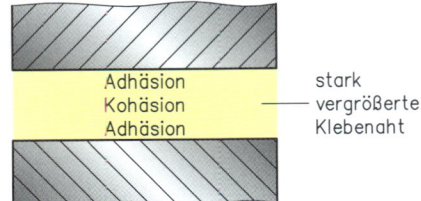

Adhäsion
Kohäsion
Adhäsion

stark vergrößerte Klebenaht

Adhäsion zwischen _____

Kohäsion zwischen _____

③ Welche Eigenschaften muss demnach ein guter Klebstoff erfüllen?

gute Klebstoffe < _____

_____

G Stoffschluss: Löten

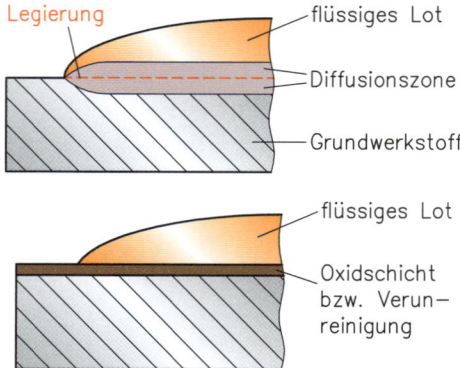

Legierung — flüssiges Lot
Diffusionszone
Grundwerkstoff

flüssiges Lot
Oxidschicht bzw. Verun‑reinigung

① Was geht bei einer richtigen Lötung an der Fügestelle stofflich vor sich?

_____

_____

_____

② Welche Arbeitsregeln gelten beim Löten?

a) _____ ⎫
                                          ⎬ metallisch rein
b) _____ ⎭

c) _____

d) _____

e) _____

③ Wie bezeichnet man die physikalische Erscheinung, aufgrund der das flüssige Lot in den Lötspalt hineingezogen wird?

Welche Erkenntnis ergibt sich aus den beiden Skizzen?

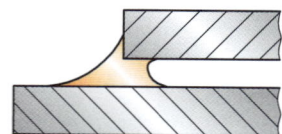   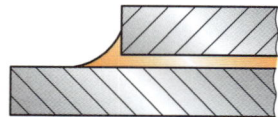

_____

_____

H Formschluss

① Wie bezeichnet man die abgebildeten formschlüssigen Verbindungen?

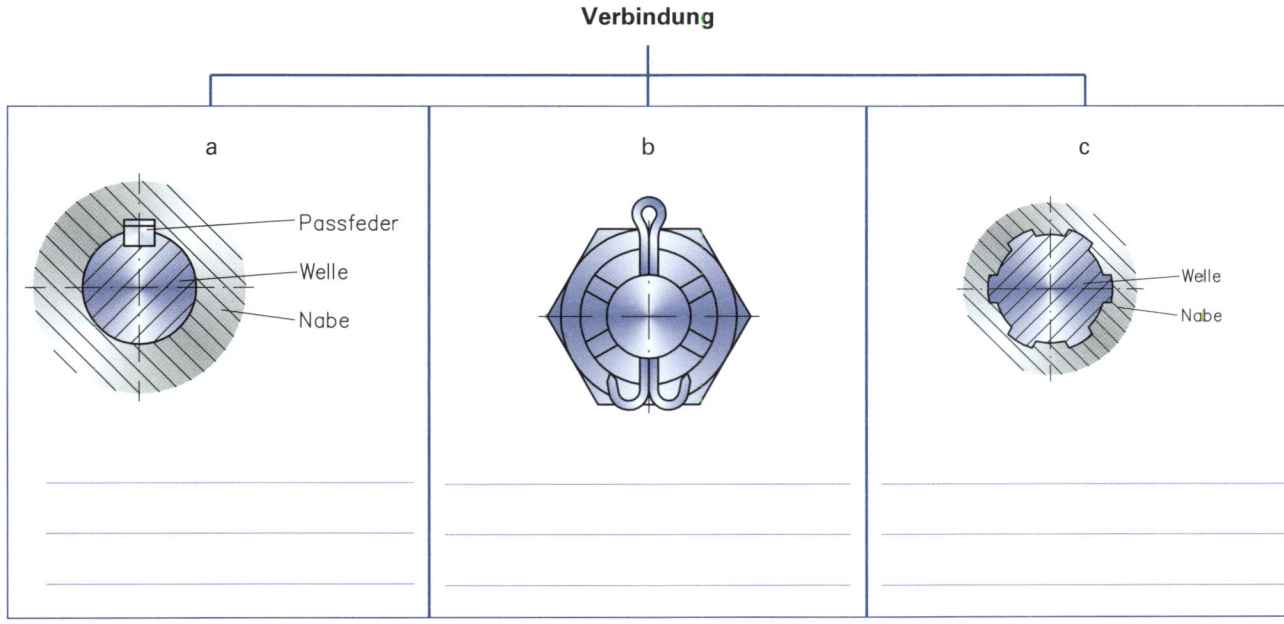

② Wie können formschlüssige Verbindungen hergestellt werden?

Beispiele a, b durch _____

Beispiel c durch _____

I Formschluss: Stifte

① Welche Arten von Stiften unterscheidet man nach ihrer **Form**?

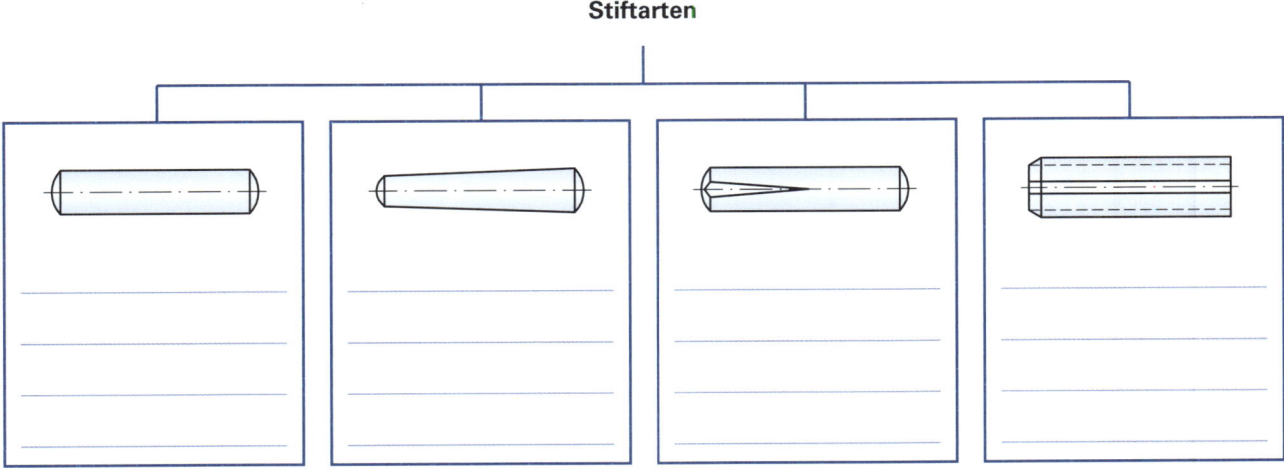

② Nach welchen Verwendungszwecken werden Stifte unterschieden?

J Kopfformen von Schrauben

① Geben Sie für die folgenden Schrauben die genaue Bezeichnung und die entsprechende Norm an.

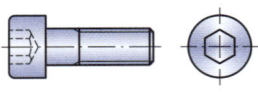

_____

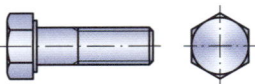

_____

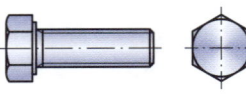

_____

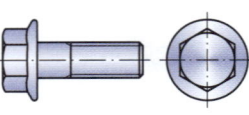

_____

② Nennen Sie verschiedene Antriebsformen für Zylinderschrauben.

_____

_____

③ Skizzieren Sie die Kopfformen dieser beiden Schrauben.

Außenvielzahnschraube

Außensechsrundschraube

K Festigkeitsklassen von Schrauben

① Erläutern Sie die Festigkeitsangaben für Schrauben aus unlegiertem oder legiertem Stahl.

Zugfestigkeit R_m	**Streckgrenze R_e (bzw. 0,2%-Dehngrenze)**
5.8	
8.8	
10.9	

② Um welche Schrauben bezüglich Material und Festigkeit handelt es sich bei diesen Beispielen?

A2-50 _____

A4-70 _____

③ Wovon hängt die höchste zulässige Zugkraft auf eine Schraube ab?

_____

_____

Berechnungen zur Reibungskraft

Eine Kiste wird über einen Betonboden geschoben. Wie bezeichnet man die speziellen Arten der Reibungskraft?

Reibungskraft F_R
beim **Anschieben**   **während des Schiebens**   beim **Schieben auf Rollen**

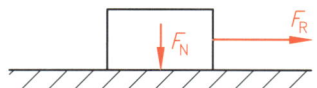 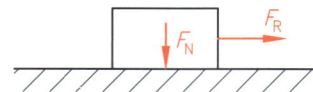 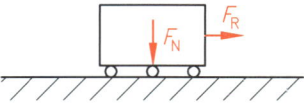

_____

Wo ist die Reibungskraft am größten?

_____

Für die Berechnung der Reibungskraft gilt:

$$F_R = F_N \cdot \mu \quad [N]$$

F_R Reibungskraft [N]

F_N Normalkraft [N] ($\triangleq$ Gewichtskraft, Anpresskraft)

μ Reibungszahl (abhängig von den reibenden Materialien; s. Tab.buch; gesprochen „mü")

① Die Schraubenverbindung ist einer Zugbelastung von 3 kN ausgesetzt. Die Zugbelastung soll nicht durch die Form-schlüssigkeit der Schrauben, sondern allein durch die Reibung zwischen den verbundenen Flachstählen aufgefangen werden. Wie groß muss die von den Schrauben bewirkte Kraft sein? Reibungszahl $\mu = 0{,}5$ (Stahl auf Stahl)

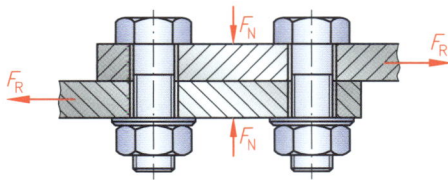

② Wie groß ist bei einer Bremsscheibe die Anpresskraft, wenn die Bremskraft (= Reibungskraft) 2 kN beträgt? Reibungszahl $\mu = 0{,}6$ (Stahl auf Reibbelag)

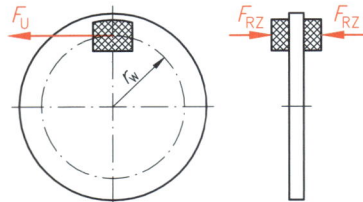

Berechnungen zum Drehmoment

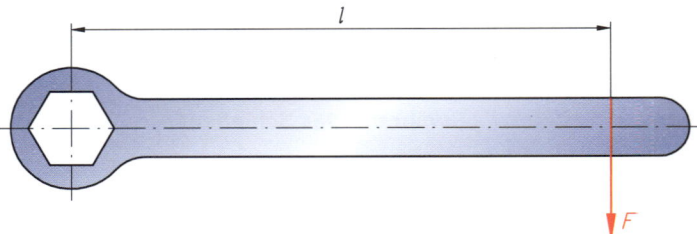

Wenn eine Kraft an einem Hebel (z. B. Schraubenschlüssel) außerhalb des Drehpunkts wirkt, entsteht eine **Dreh-wirkung**. Diese wird auch **Drehmoment** genannt. Das Drehmoment wird in N · m gemessen.

Für die Berechnung des Drehmoments gilt:

$$M = F \cdot l \quad [\text{N} \cdot \text{m}]$$

M   Drehmoment [N · m]
F   Kraft [N]
l   Hebellänge [m]

① Eine Schraube wird mit einem Schraubenschlüssel mit einer Kraft von 80 N angezogen. Der wirksame Hebelarm beträgt 200 mm. Berechnen Sie das Drehmoment.

② Beim Reifenwechsel an einem Pkw sollen die Muttern mit einem Drehmoment von 90 N · m angezogen werden. Wie groß ist die dafür aufzuwendende Kraft?

Auftrag:
Die Säulenbohrmaschine mit zweistufigem Schaltgetriebe und stufenloser Drehzahlverstellung ist seit einem Jahr regelmäßig im Einsatz. Führen Sie die fällige Wartung gemäß Betriebsanleitung durch.

Informieren/orientieren Sie sich, indem Sie ...
- die Dokumentation der Bohrmaschine lesen,
- den Aufbau und die Funktionsweise der Bohrmaschine erkunden,
- die Bedeutung der Wartung herausstellen,
- den Zusammenhang zwischen Schmierung und Verschleiß aufzeigen,
- sich einen Überblick über die verschiedenen Schmierstoffe verschaffen,
- sich mit dem Schmierplan der Maschine vertraut machen,
- Berechnungen zur Reibungskraft mit und ohne Schmierung durchführen.

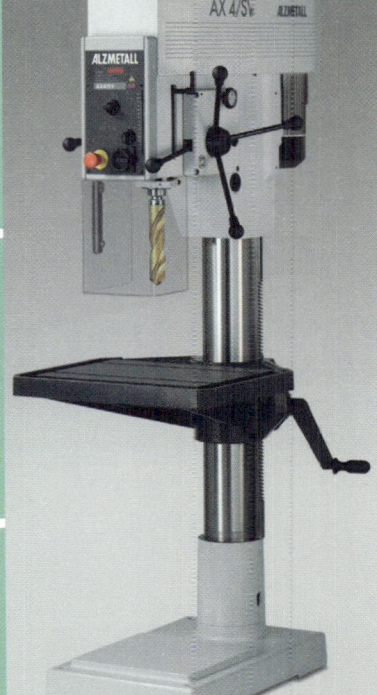

Planen/entscheiden Sie, indem Sie ...
- festlegen, welche Arbeiten auszuführen sind,
- die Ausfallzeit mit der Abteilung abklären,
- Werkzeug und Hilfsmittel beschaffen,
- die erforderlichen Schmierstoffe bereitstellen,
- einen Arbeitsplan erstellen.

Führen Sie die Wartung durch, indem Sie ...
- die Maschine reinigen,
- das Öl wechseln bzw. nachfüllen,
- die Maschine schmieren,
- Verschleißteile austauschen,
- die Riemenspannung ggf. nachstellen,
- die Vorschriften des Arbeits- und Umweltschutzes beachten.

Kontrollieren Sie, indem Sie ...
- die korrekte Montage überprüfen,
- den Füllstand des Öls am Schauglas ablesen,
- einen Testlauf durchführen,
- Sicherheitseinrichtungen prüfen.

Bewerten und dokumentieren Sie, indem Sie ...
- die Planung mit der tatsächlichen Ausführung vergleichen,
- den gesamten Wartungsablauf kritisch überdenken,
- organisatorische Verbesserungen suchen,
- ein Wartungsprotokoll erstellen.

Information

A Dokumentation, Funktion und Ausstattung der Bohrmaschine

① Über welche wichtigen Arbeitsbereiche informiert eine Betriebsanleitung für eine Bohrmaschine?

② Tragen Sie jeweils die entsprechende deutsche Bezeichnung der nummerierten Teile ein.

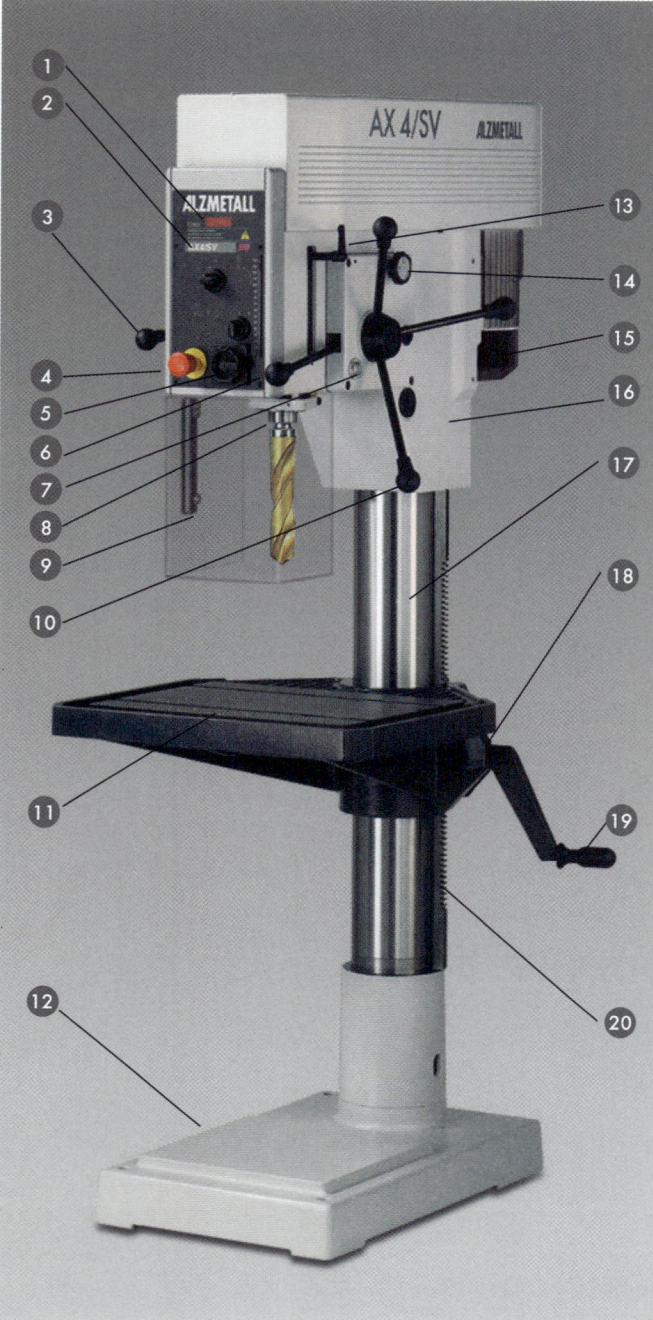

Technical Data

Drilling capacity in steel (St 60) E335	55 mm
Tapping Performance in steel (St 60) E335	M 30
Tapping Performance in Cast-iron (GG20) EN-GJL-200	M 36
Tool Taper /Short Spindle	MK 4/MT 4
Z-travel of Spindle	140 mm
Distance Spindle to Column	300 mm
Column diameter	145 mm
Table Clamping Area	615 x 430 mm
T-Slots (number x width x distance)	2 x 14 x 224 mm
Distance Spindle/table min./max.	150/735 mm
Feed mm/r	0,1 + 0,3
Net weight approx.	380 kg
Motor: n = 1500 min⁻¹	**3,0 kW**
Spindle speeds	70 – 2400 min⁻¹

1 Digital Speed Read-out

2 Digital Depth Read-out

3 Manual speed variator

4 Emergency OFF mushroom switch

5 Mains switch

6 Feed lever (feed ON/OFF)

7 Oil level gauge (feed gear)

8 Short spindle

9 Spindle protection, electr. secured

10 Manual advance lever

11 Machine table

12 Base plate (column drills)

13 Depth setting

14 Feed selector

15 Drive motor

16 Drilling head

17 Casted Column

18 Table clamping

19 Table height adjustment

20 Toothed rack

③ Ermitteln Sie die folgenden technischen Daten der Maschine und geben Sie die entsprechende englischsprachige Bezeichnung an.

   a) Spindeldrehzahlen

   b) Abstand Spindel – Tisch min./max.

   c) Bohrvermögen (max. Bohrerdurchmesser) in Stahl E335

   d) Ausladung

   e) Spindelhub

   f) Vorschub

   g) Maschinentisch, nutzbare Auflage

④ Die Maschine verfügt neben dem Schaltgetriebe noch über ein stufenlos verstellbares Riemengetriebe.

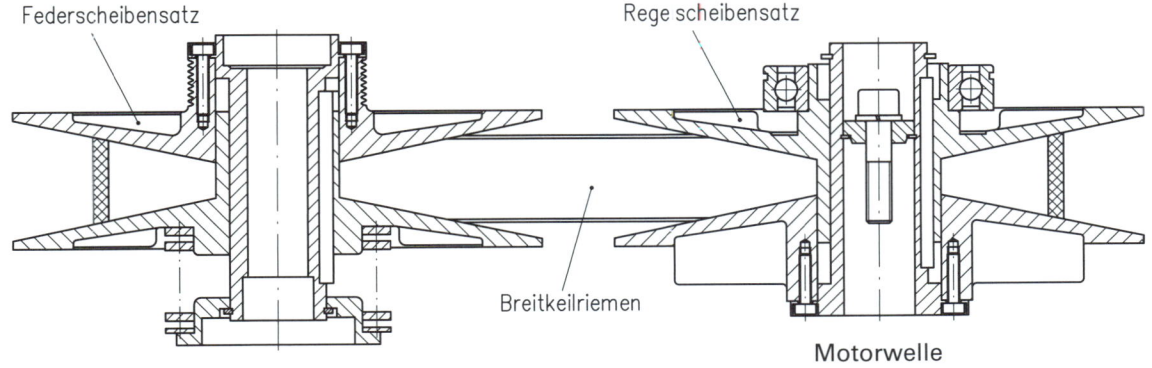

Federscheibensatz   Rege scheibensatz

Breitkeilriemen   Motorwelle

   a) Erläutern Sie die stufenlose Drehzahlveränderung, wenn der Abstand der Regelscheiben auf der Motorwelle mit dem Vorschubhebel axial verändert wird (Der Regelscheibensatz wird breiter).

   b) Was ist bei der Verstellung eines stufenloses Riemengetriebes besonders zu beachten?

   c) Was ist zu beachten, wenn die Maschine eingelagert oder länger als einen Monat nicht betrieben wird?

⑤ Die Bohrmaschine ist gemäß DIN EN 12717 und der Europäischen Maschinenrichtlinie 2006/42/EG mit einem Spindelschutz mit elektrischer Absicherung ausgeführt.

a) Welchen Zweck hat der Spindelschutz?

_____

_____

_____

_____

_____

elektrischer Anschluss
für Positionsschalter

elektrische Absicherung
des Spindelschutzes
(NOT—AUS—Funktion/
Spindel—Stopp)

Befestigungsstange

Bohrspindelschutz
(Klarsicht)

b) Wie wirkt die elektrische Absicherung?

_____

_____

_____

c) Wie wird die monatlich verlangte Funktionskontrolle durchgeführt?

_____

_____

B Wartung von Maschinen

① Die Wartung ist eine präventive Maßnahme der Instandhaltung.
Vervollständigen Sie die Übersicht mit allen Maßnahmen der Instandhaltung.

② Nennen Sie zu den verschiedenen Wartungsarbeiten jeweils typische Tätigkeiten an Werkzeugmaschinen.

Reinigen: _____

Schmieren: _____

Ergänzen: _____

Nachstellen: _____

Auswechseln: _____

Konservieren: _____

③ Die Wartung von Werkzeugmaschinen ist ein nicht unerheblicher Kostenfaktor,

a) Welche Kosten entstehen durch eine regelmäßige Wartung?

_____

_____

_____

b) Welche Kosten können entstehen, wenn auf Wartung ganz verzichtet wird?

_____

_____

_____

_____

_____

④ Mit welchen Maßnahmen bzw. Vorkehrungen kann der Konstrukteur einer Maschine ihre Wartungsfreundlichkeit erhöhen?

```
wartungs-
freundliche
Maschine
```

C Schmierung und Schmierstoffe

① Welche Aufgabe hat der Schmierfilm zwischen den Bauteilen (hier: Lager und Welle)?

_____

_____

_____

Lager · Ölzufuhr · Welle (Lagerzapfen) · Schmierfilm (–keil)

② Welche Reibungszustände unterscheidet man bezüglich der Schmierung?

Welle (vergrößert) · Lager (vergrößert)

Verschleiß: _____

Verschleiß: _____

Verschleiß: _____

_____

③ Unter welchen Bedingungen kommt es bei Bauteilen zu einer Mischreibung?

a) _____

b) _____

④ Welche Anforderungen werden an einen guten Schmierstoff gestellt?

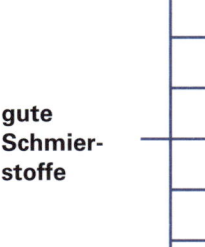

gute Schmierstoffe

_____
_____
_____
_____
_____
_____

⑤ Was versteht man unter der Viskosität eines Schmierstoffs?

Viskosität = _____

Welchen Einfluss auf die Viskosität eines Schmierstoffs hat eine steigende Temperatur?

_____
_____

⑥ Welche Regeln gelten für die Verwendung von Schmierstoffen bei Gleitlagern?

starke Belastung

hohe Temperatur   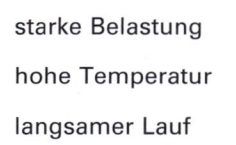 verlangen

langsamer Lauf   _____

geringe Belastung

niedrige Temperatur   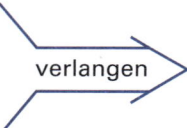 verlangen

schneller Lauf   _____

⑦ Welche Faktoren beeinflussen grundsätzlich den Verschleiß an Bauteilen?

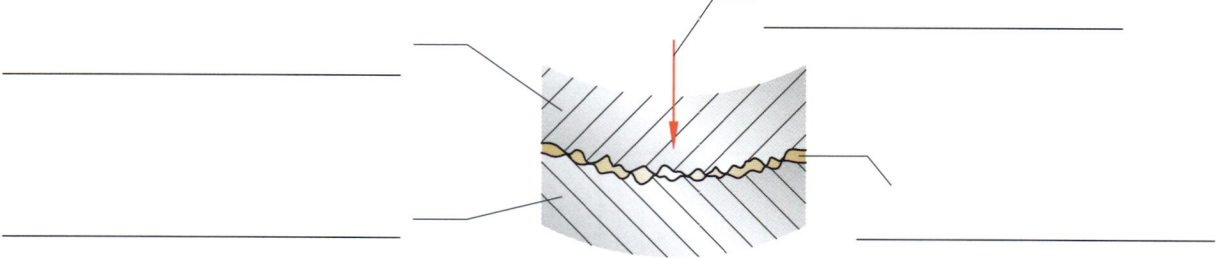

⑧ Welche besonderen Eigenschaften oder Verwendungszwecke haben die folgenden Arten von Schmierstoffen?

Mineralöle	
synthetische Öle	
Schmierfette	
Festschmierstoffe	

⑨ Welche Stoffe werden als Festschmierstoffe verwendet?

Festschmierstoffe

⑩ Schmierstoffe werden durch Kennbuchstaben und Sinnbilder gekennzeichnet.
   a) Wofür stehen die Sinnbilder?

   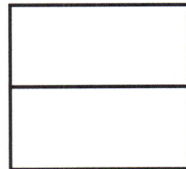      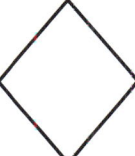

   b) Erläutern Sie die Beispiele.

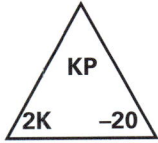

⑪ Was ist beim Umgang (Lagerung, Entsorgung) mit Schmierstoffen zu beachten?

Wassergefähr-dungsklasse	Bedeutung
WGK 1	schwach wassergefährdend
WGK 2	wassergefährdend
WGK 3	stark wassergefährdend

Gefahrenklasse	Flammpunkt
F+	unter 0 °C
F	über 0 °C bis 21 °C
H226	über 21 °C bis 55 °C

⑫ Übersetzen Sie die Benennungen im Schmierplan von der englischen in die deutsche Sprache.

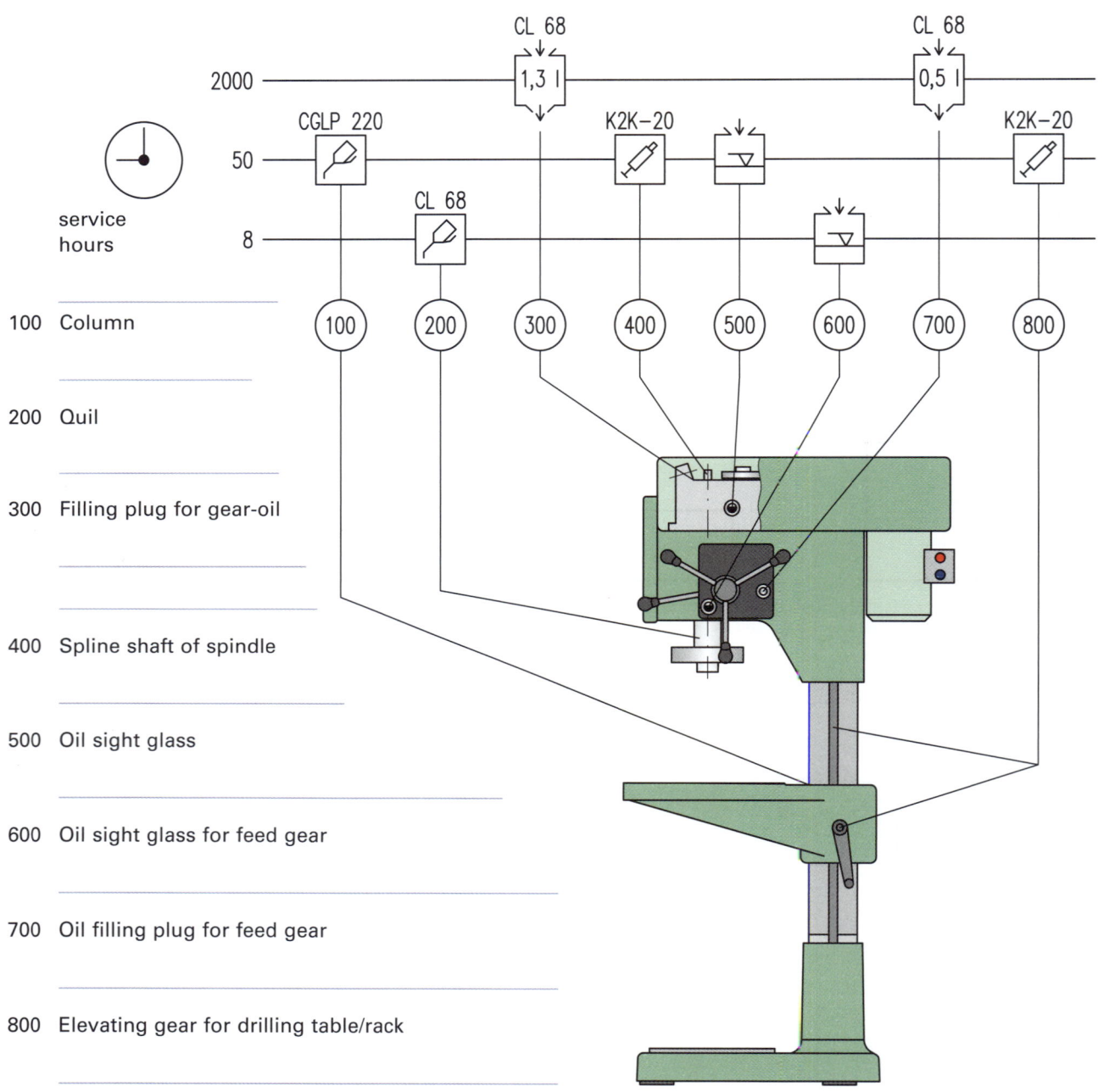

service hours

100 Column

200 Quil

300 Filling plug for gear-oil

400 Spline shaft of spindle

500 Oil sight glass

600 Oil sight glass for feed gear

700 Oil filling plug for feed gear

800 Elevating gear for drilling table/rack

D Berechnungen zur Reibungskraft mit und ohne Schmierung

Die Reibungskraft F_R ist die Kraft, die erforderlich ist, um einen Körper (z. B. Kiste, Werkzeugschlitten, Lagerzapfen) auf einem anderen (z. B. Betonboden, Maschinenbett, Lagerschale) zu verschieben (vgl. S. 75).

Für die Berechnung der Reibungskraft F_R gilt:

$$F_R = F_N \cdot \mu \quad [N]$$

F_R Reibungskraft [N]
F_N Normalkraft [N] ($\triangleq$ Gewichtskraft, Anpresskraft)
μ Reibungszahl (abhängig von den reibenden Materialien, s. Tabellenbuch)

Zu Arten der Reibungskraft (Haft-, Gleit-, Rollreibungskraft) vgl. S. 75

① Der Werkzeugschlitten einer Drehmaschine hat ein Gewicht von 1400 N.
Berechnen Sie
   a) die Haftreibungskraft ($\triangleq$ die Kraft beim Anfahren) im trockenen und geschmierten Zustand,
   b) die Gleitreibungskraft ($\triangleq$ die Kraft nach dem Anfahren) im trockenen und geschmierten Zustand. (Reibungszahlen s. Tabellenbuch)

② Ein Gleitlager aus einer Cu-Sn-Legierung wird von einer Zahnradwelle $\varnothing$ 50 mm mit 4 kN belastet. Das Lager ist gut geschmiert. Berechnen Sie
   a) die Haftreibungskraft,
   b) das Drehmoment der Haftreibung (Drehmoment s. S. 76).

③ Eine Stahlwelle belastet ein Gleitlager mit dem Gewicht von 300 N. Um die Haftreibung zu überwinden, ist eine Kraft von 12 N erforderlich. Aus welchem Material besteht die Gleitbahn des Lagers?

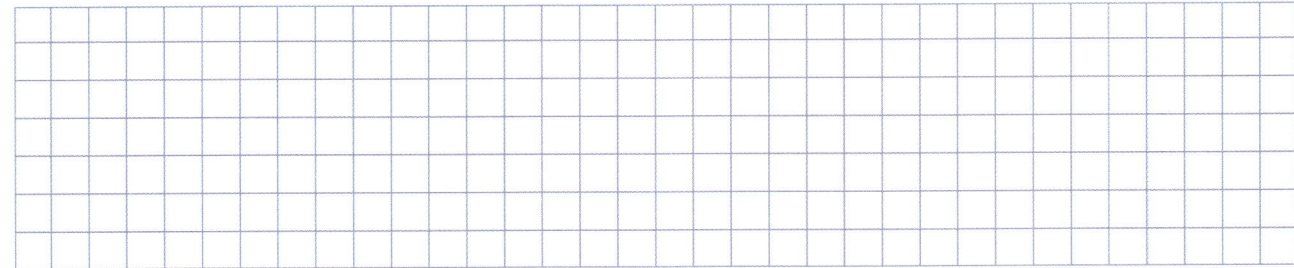

Planung

① Sie haben für kommende Woche die Wartung der Bohrmaschine nach 2000 Betriebsstunden zu planen. Fassen Sie die allgemeinen Überlegungen in Fragen zusammen.

_____

_____

_____

_____

_____

_____

_____

_____

_____

② Was ist beim Reinigen der Maschine zu beachten?

_____

_____

_____

_____

_____

_____

③ Welche Tätigkeiten sind nach Schmierplan an den jeweiligen Positionen durchzuführen?

100: _____

200: _____

300: _____

400: _____

500: _____

600: _____

700: _____

800: _____

④ Unter welcher Bezeichnung kann der jeweilige Schmierstoff bei einem Öllieferanten bestellt werden? Benutzen Sie für Ihre Recherche das Internet.

CGLP 220 _____

CL 68 _____

K2K –20 _____

⑤ Welche Inspektions- und Wartungsarbeiten sind am Riemengetriebe durchzuführen?

_____

_____

_____

_____

_____

Ausführung

Führen Sie die Arbeiten fachgerecht durch.

Kontrolle

Welche Kontrollen haben Sie durchzuführen (Checkliste)?

_____

_____

_____

_____

_____

_____

_____

_____

Bewertung/Dokumentation

Dokumentieren Sie Ihre Arbeiten.
Beurteilen Sie den Gesamtzustand der Maschine.
Machen Sie Vorschläge für eine bessere Instandhaltung.
Suchen Sie organisatorische Verbesserungsmöglichkeiten.

_____

_____

_____

_____

_____

_____

Problemstellung:

Bei der Reparatur einer Werkzeugmaschine wird eine Welle ausgebaut, die in Gleitlagern läuft. Eines der Lager sieht so aus:

Gleitlager aufgeschnitten

Die Gleitfläche des Lagers ist beschädigt. Welche Ursachen können dafür vorliegen? Wie können diese Beschädigungen vermieden werden?

mögliche Ursachen	mögliche Gegenmaßnahmen
_____	_____
_____	_____
_____	_____
_____	_____

A Ursachen für Maschinenschäden

① Technische Geräte und Maschinen werden durch ihren Gebrauch immer beeinträchtigt. Nennen Sie für den Ausfall von Maschinenteilen drei Hauptursachen, auf deren negative Auswirkungen der Maschinenbediener nur beschränkt Einfluss hat.

_____ ⟶ **unbrauchbare Maschinenteile** ⟵ _____

⟶

_____

② Nennen Sie Maschinenteile, die dem Verschleiß besonders ausgesetzt sind.

_____

③ Erläutern Sie die beiden häufigsten Brucharten.

Gewaltbruch	**Dauerbruch**
Ein Gewaltbruch liegt vor, wenn ein Werkstoff bricht, weil	Ein Dauerbruch (Ermüdungsbruch) liegt vor, wenn ein Werkstoff bricht, weil
_____	_____
_____	_____

④ Ordnen Sie die Bilder den genannten Bruchursachen zu.

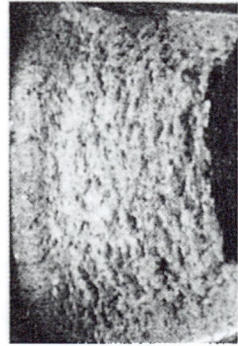    

_____   _____

_____   _____

B Arten der Belastung

Auf welche Weise werden die Bauteile in den folgenden Beispielen beansprucht? (Die Pfeile geben die Richtung der wirkenden Kraft an.)

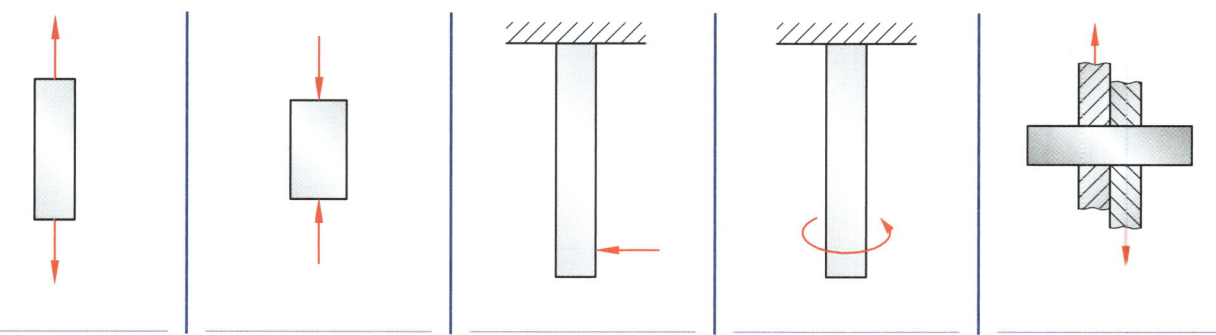

C Kerbwirkung

① Aufgrund seiner Funktion hat ein Maschinenteil oft unterschiedliche Querschnitte, z. B. durch Nuten, Rillen oder Absätze. Diese Querschnittsänderungen wirken sich je nach ihrer Form in unterschiedlichem Maß auf die Bruchgefährdung aus (Kerbwirkung). Welche Aussage darüber lässt sich der folgenden Skizze entnehmen?

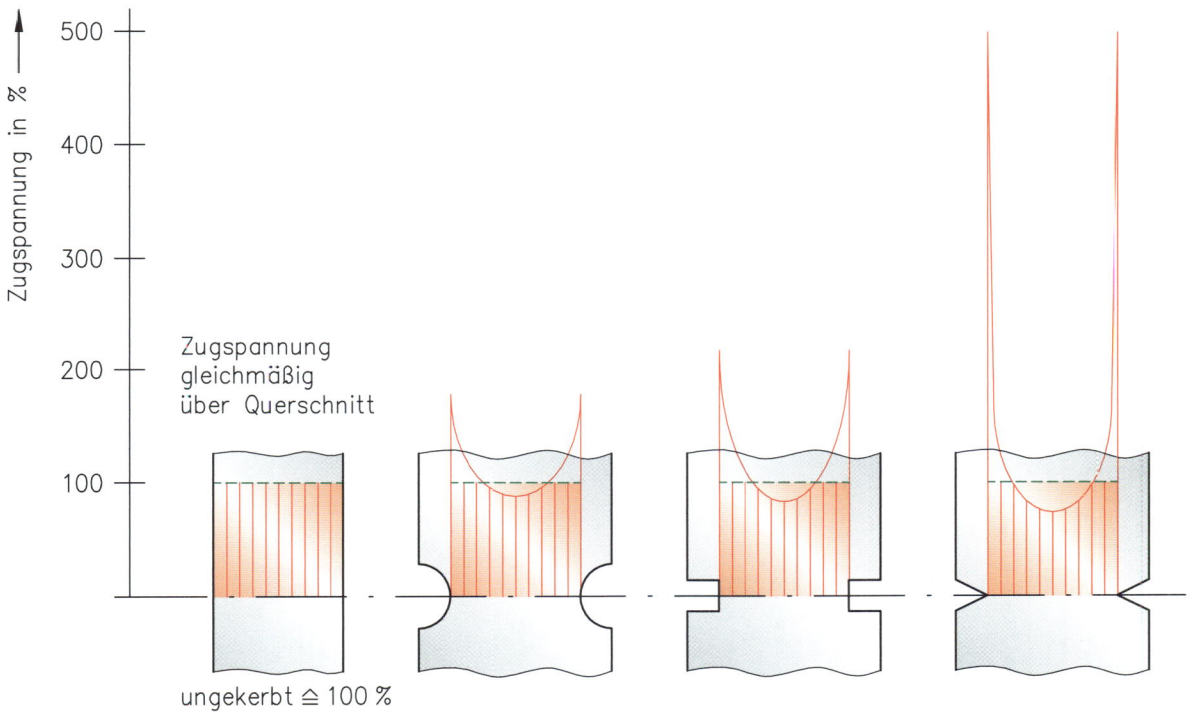

Erkenntnis: _____

_____

② Verbessern Sie zeichnerisch (mit Farbstift) die folgenden Werkstückzeichnungen so, dass die Kerbwirkung an den Werkstücken herabgesetzt wird.

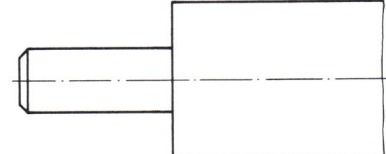   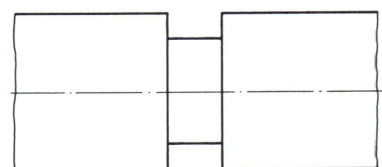

③ Mit welchen konstruktiven Maßnahmen kann die Bruchgefahr durch Kerbwirkung bei Bauteilen herabgesetzt werden?

a) _____

b) _____

c) _____

D Dauerschwingversuch

① Welche Eigenschaft des Werkstoffs wird im Dauerschwingversuch ermittelt?

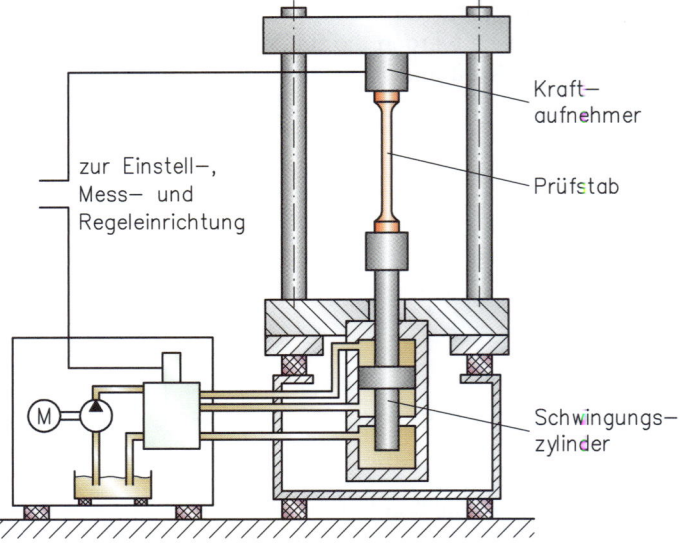

Kraftaufnehmer

Prüfstab

zur Einstell–, Mess– und Regeleinrichtung

Schwingungszylinder

M

② Welche Arten der Dauerfestigkeit unterscheidet man?

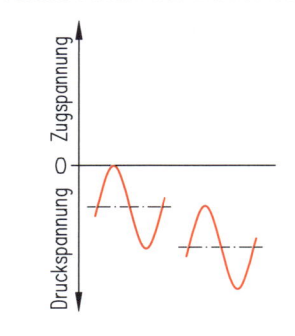 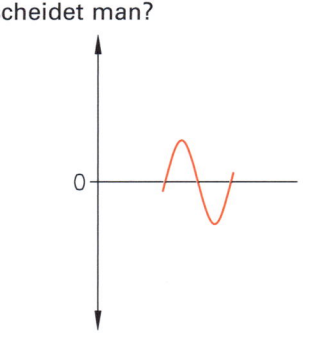 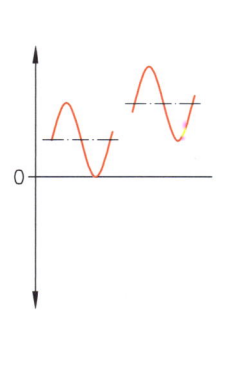

③ Definieren Sie mithilfe des Diagramms (Wöhler-Kurve) die Begriffe „Dauerfestigkeit" und „Zeitfestigkeit" eines Werkstoffs.

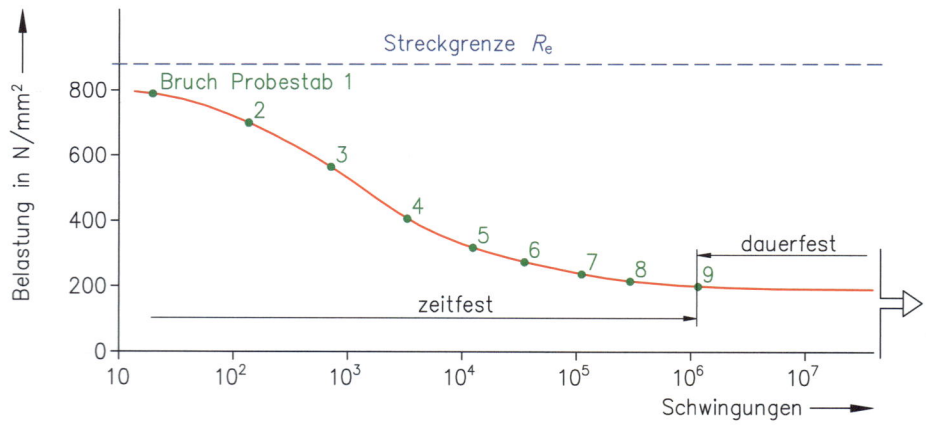

Dauerfestigkeit

Ein Werkstoff ist **dauerfest**, wenn er bei sinkender Schwingbelastung bis zu _____ Lastwechsel und mehr aushält. Im Diagramm beträgt die Dauerfestigkeit (hier: Zugschwellfestigkeit) ca. _____ N/mm².

Zeitfestigkeit

Ein Werkstoff ist **zeitfest**, wenn er bei sinkender Schwingbelastung **vor** Erreichen der Dauerfestigkeit bricht. Im Diagramm ist Probestab 3 bei einer Schwingbelastung bis ca. _____ N/mm² zeitfest für einen Zeitraum von ca. _____ Lastwechseln.

E Wirtschaftliche Folgen von Maschinenschäden

① Eine CNC-Fräsmaschine erleidet einen Maschinenschaden und steht still. Welche Kosten entstehen dadurch dem Betrieb?

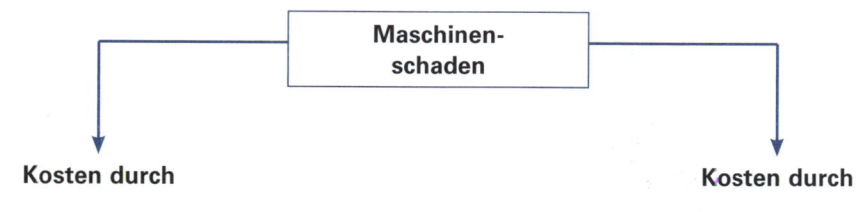

Kosten durch   **Kosten durch**

② Welche Folgen haben diese Kosten?
Setzen Sie die folgenden Begriffe in der richtigen Reihenfolge in die Ursache-Wirkung-Kette ein:
Beeinträchtigung der Konkurrenzfähigkeit – Verteuerung der Produkte – Gefährdung der Arbeitsplätze

Kosten durch Maschinenschaden

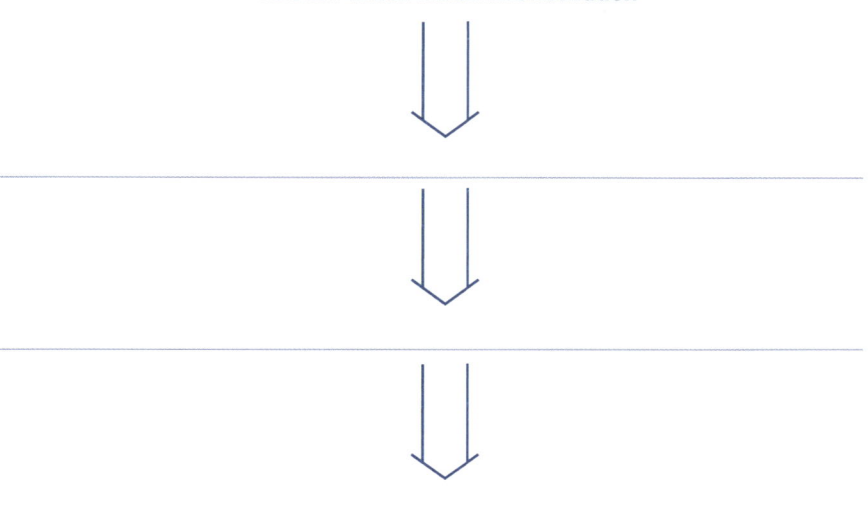

③ Welche Möglichkeiten sehen Sie, das Risiko von Maschinenschäden und damit von unnötigen Kosten im Betrieb zu verringern?
Nennen Sie einige praktische Maßnahmen.

a)

b)

c)

d)

e)

f)

g)

Problemstellung:

Maschinen und Bauteile, die hauptsächlich im Freien verwendet werden, sind der Witterung ausgesetzt und werden oft von Korrosion angegriffen.

Welche negativen Folgen können beim abgebildeten Container durch Korrosion entstehen?

_____

Wodurch kann beim abgebildeten Bauteil die Gefahr der Korrosion eingeschränkt werden?

_____

1 Korrosion

A Begriff und Arten der Korrosion

① Was versteht man unter Korrosion?

Unter Korrosion versteht man _____

_____

② Nennen Sie einige Beispiele, wo Korrosion auftritt.

_____

_____

③ Welche Arten der Korrosion unterscheidet man von der Korrosionsursache her?

Korrosion

_____	_____

B Chemische Korrosion

① Von welchen Stoffen können Metalle angegriffen werden, wenn sie mit ihnen in Berührung kommen?

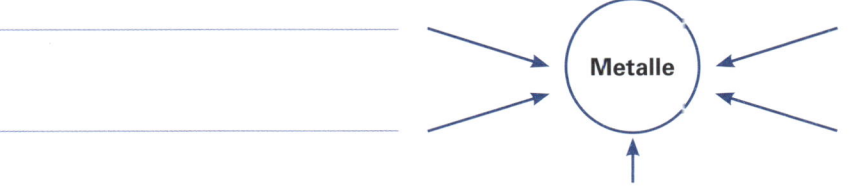

② Wie nennt man den chemischen Vorgang, der am häufigsten als chemische Korrosion auftritt?

≙ Verbindung mit Sauerstoff

③ Welche Oberflächenschichten können beim Oxidieren von Metallen entstehen?

Je nach Art des Metalls bildet sich

entweder eine _____ und _____ Oxidschicht

oder eine _____ und _____ Oxidschicht.

④ Welche Oberflächenschichten bilden sich, wenn die folgenden Metalle oxidieren?

Oxidschicht bei
- **Aluminium:** _____
- **Kupfer:** _____
- **Zink:** _____
- **Gusseisen:** _____
- **unleg. Stahl:** _____

Welchen Einfluss haben die unterschiedlichen Oxidschichten auf das Fortschreiten der Korrosion?

Eine **dichte** und **haltbare** Oxidschicht

_____
_____

Eine **lockere** und **poröse** Oxidschicht

_____
_____

Oxidschicht

Aluminium, Kupfer, Zink

Oxidschicht

Gusseisen, unlegierter Stahl

C Elektrochemische Korrosion

① a) Geben Sie bei dem skizzierten „galvanischen Element" mit Pfeilen die Richtung des Elektronenflusses (≙ physikalische Stromrichtung) an.

b) Kennzeichnen Sie mit X die Metallplatte, die zerstört (zerfressen) wird.

galvanisches
Element
(Beispiel)

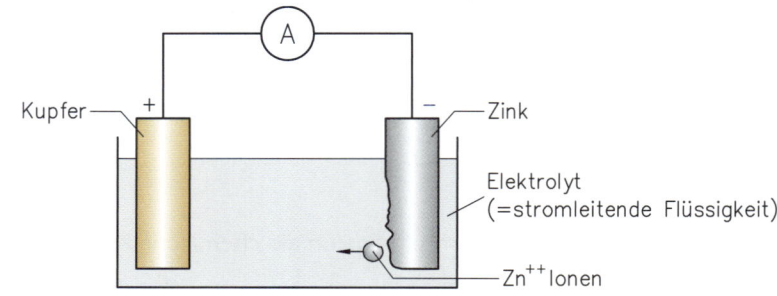

② Zwischen unterschiedlichen Werkstoffen besteht ein elektrisches Spannungsgefälle. Wenn man mehrere Werkstoffe mit dem gleichen „Bezugswerkstoff" (Wasserstoff) vergleicht, lässt sich eine sog. Spannungsreihe aufstellen. Die Spannungsreihe der Metalle sieht so aus:

Metall	V
Gold	+1,50
Silber	+0,80
Kupfer	+0,35
Wasserstoff	**0**
Blei	−0,12
Zinn	−0,14
Nickel	−0,23
Kadmium	−0,40
Eisen	−0,44
Chrom	−0,56
Zink	−0,76
Aluminium	−1,68
Magnesium	−2,34

Von zwei Metallen wird

das Metall als das _____ bezeichnet, das in der

Spannungsreihe **über** dem anderen liegt,

das Metall als das _____ bezeichnet, das in der

Spannungsreihe **unter** dem anderen liegt.

Welche Regel gilt für die Zerstörung, wenn durch das Vorhandensein eines Elektrolyten zwei verschiedene Metalle ein galvanisches Element bilden?

_____

③ Welche Elektrolyte können in der Praxis zu einer elektrochemischen Korrosion führen?

_____

④ Nennen Sie einige Beispiele, wo in der Praxis elektrochemische Korrosion vorkommen kann.

_____

_____

⑤ Wie heißen die beiden wichtigsten Arten der elektrochemischen Korrosion?

Zwischen wem findet der Vorgang statt?   Zwischen wem findet der Vorgang statt?

2 Korrosionsschutz

A Möglichkeiten des Korrosionsschutzes

Welche zwei **grundsätzlichen** Möglichkeiten gibt es, um die Korrosion von Metallen zu verhindern?

**Verhinderung von
Korrosion durch** <
_____

_____

B Nichtmetallische Überzüge auf Stahl

① Mit welchen nichtmetallischen Überzügen versucht man die Korrosion von Stahl und Gusseisen zu verhindern?

a) _____

b) _____

c) _____

d) _____

e) _____

② Wie geht das Phosphatieren vor sich und wie werden phosphatierte Werkstücke weiterbehandelt?

1. Schritt: Eintauchen in ein Bad aus _____

→ Entstehen einer dünnen (20 μm), porigen Eisenphosphatschicht an der Werkstückoberfläche

2. Schritt: **Entweder**

Trocknen und Einreiben der porigen Oberfläche mit _____

oder

Trocknen und zum weiteren Rostschutz Aufbringen einer _____

③ Wie müssen Werkstücke vorbehandelt werden, damit eine haltbare Schutzschicht gewährleistet ist?

_____

_____

_____

C Metallische Überzüge auf Stahl

① Welche Metalle werden als korrosionsschützende Überzugsmetalle bei Stahl verwendet?

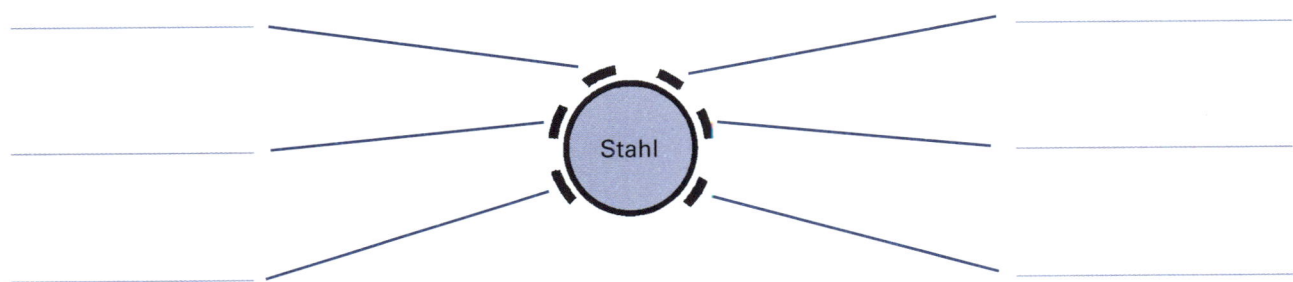

② Mit welchen Verfahren wird das Schutzmetall auf das Stahlwerkstück aufgetragen?

a) _____

b) _____

c) _____

d) _____

D Schmelztauchen

Beispiel: Feuerverzinken
Wie geht das Feuerverzinken vor sich?

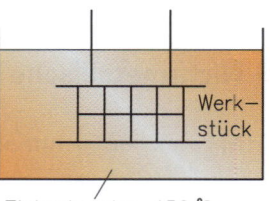
Zinkschmelze 450 °C

_____

_____

E Galvanisieren

Beispiel: Verkupfern

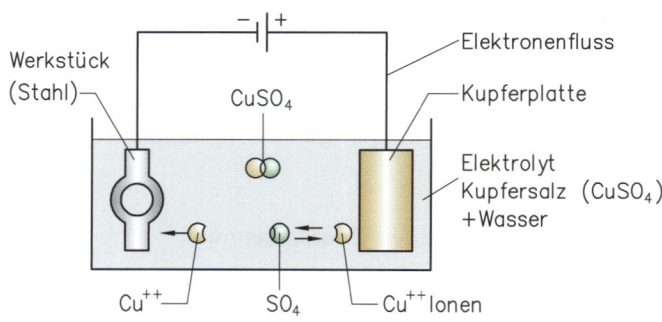

① Geben Sie mit Pfeilen die physikalische Stromrichtung (≙ die Richtung des Elektronenflusses) an.

② Unter welchen Voraussetzungen geht das Galvanisieren vor sich?

Stromart: _____

Minuspol: _____

Pluspol: _____

Elektrolyt: _____

③ Welche elektrochemischen Vorgänge ereignen sich während des Stromflusses (Beispiel: Verkupfern)?

Der elektrische Strom bewirkt, dass die _____ -atome, die im Elektrolyt $CuSO_4$ enthalten sind, sich aus

ihrer chemischen Verbindung lösen und auf dem _____ als Überzug niederschlagen. Der verblei-

bende Rest _____ holt sich neue Kupferatome aus der _____ . Dieser Vorgang wieder-

holt sich, bis die Kupferplatte verbraucht ist.

F Diffundieren (Diffusionsverfahren)

Beispiel: Chromieren
Wie geht das Chromieren vor sich?

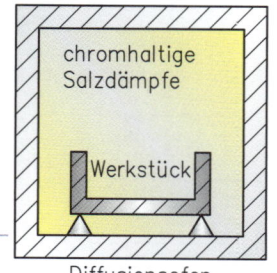
Diffusionsofen

_____

_____

G Verletzung des Metallüberzugs

① Kennzeichnen Sie mit der Ziffer 1 das Metall, das im Fall einer elektrochemischen Korrosion infolge Verletzung des Überzugs zerfressen wird. (Vgl. dazu die Spannungsreihe der Metalle S. 94)

Grundmetall	———	Überzugsmetall
◯ Stahl	———	◯ Zink
◯ Stahl	———	◯ Kupfer
◯ Stahl	———	◯ Zinn
◯ Stahl	———	◯ Chrom
◯ Stahl	———	◯ Nickel

② Mit welchem Fachausdruck bezeichnet man den Vorgang, bei dem das Grundmetall unter dem verletzten Überzugsmetall zerstört wird?

H Anodisieren (Eloxieren) von Aluminium

① Was geschieht beim Anodisieren (Eloxieren) von Aluminium?

_____

_____

_____

② Was heißt „Eloxal"?

Eloxal = _____

③ Welche Eigenschaften hat die Eloxalschicht?

I Korrosionsvorbeugung bei Konstruktion und Bau

Korrosion kann auch dadurch vermieden oder verringert werden, dass schon bei der Konstruktion von Maschinen und Maschinenteilen korrosionsgefährdete Stellen vermieden werden. Nennen Sie einige solcher konstruktiven Vorsichtsmaßnahmen.

_____

_____

_____

Preis- und Prozentrechnung

Der Eiffelturm in Paris
Erbauer: Gustave Eiffel (1832–1923)
Bauzeit: 1887–1889

Material:
7 000 t Stahl
2,5 Mio. Stahlnieten

Korrosionsschutz:
alle 7 Jahre streichen
mit 50 t Rostschutzmittel

① Eine Rostschutzgrundierung für Industriezwecke wird von der Herstellerfirma in zwei Behältergrößen verkauft: 12,5 kg für 69,00 EUR und 35 kg für 186,00 EUR. Berechnen Sie,
  a) wie viele 35-kg-Behälter für den Grundanstrich des Eiffelturms benötigt werden und wie hoch die Kosten dafür sind,
  b) welcher Behälter den billigeren Preis pro kg hat und um wie viel Prozent dieser billiger ist.

② Die Firma Antirost verkauft eine Rostschutzgrundierung in einem 2,5-l-Behälter für 48,25 EUR, die Firma Stahlblank einen 3,0-l-Behälter für 54,00 EUR. Welche Firma ist preisgünstiger und um wie viel Prozent?

Leben ohne elektrischen Strom?

Wenn wir ohne elektrischen Strom leben müssten, ginge in unserer hochtechnisierten Gesellschaft vieles nicht mehr. Auf vier Wirkungen des elektrischen Stroms sind wir besonders angewiesen. Nennen Sie dafür jeweils einige Anwendungsbeispiele aus Betrieb und Alltag.

Wärme	Licht	Magnetismus	chem. Wirkung

A Elektrischer Strom und elektrische Leiter

① Was versteht man unter elektrischem Strom?

Der elektrische Strom hängt mit dem Atomaufbau zusammen. Ein Atom (Beispiel: C-Atom) besteht aus:

Atomkern
a) _____ ; elektr. Ladung: _____
b) _____ ; elektr. Ladung: _____

Atomhülle c) _____ ; elektr. Ladung: _____

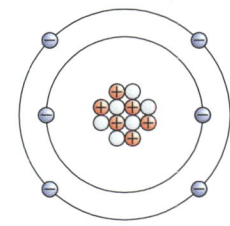

Modell des C-Atoms
(nach Niels Bohr)

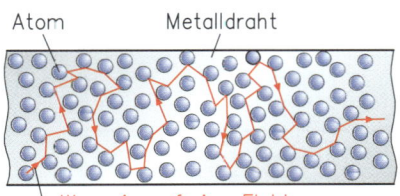

Atom   Metalldraht

└─ Weg eines freien Elektrons

Bei manchen Stoffen, vor allem Metallen, können sich unter dem Einfluss bestimmter Kräfte – „Spannung" genannt – einzelne Elektronen aus dem Atomverband lösen und von Atom zu Atom wandern. Diese Elektronen nennt man

_____

Man bezeichnet das Fließen dieser freien Elektronen als

_____

② Was versteht man unter elektrischen Leitern bzw. Nichtleitern?

Elektrische Leiter	Elektrische Nichtleiter (Isolatoren)
sind Stoffe mit _____ **freien Elektronen.**	sind Stoffe mit _____ **freien Elektronen.**
Beispiele: _____	Beispiele: _____
_____	_____

③ Was versteht man unter elektrischen Halbleitern?

Halbleiter sind kristalline Werkstoffe, _____

_____

Beispiele:

_____

B Stromkreis

Der Elektronenstrom kann mit einem geschlossenen Wasserstromkreis verglichen werden.

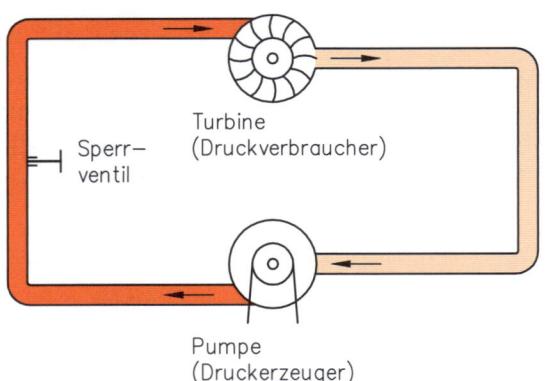

Sperr—
ventil

Turbine
(Druckverbraucher)

Pumpe
(Druckerzeuger)

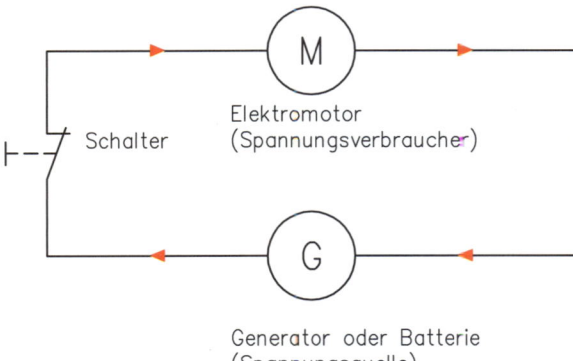

Schalter

Elektromotor
(Spannungsverbraucher)

Generator oder Batterie
(Spannungsquelle)

① Vergleichen Sie die beiden Leitungssysteme. Welche Erkenntnisse lassen sich daraus für den elektrischen Strom ableiten? (Beachten Sie immer, dass es sich nur um einen **Vergleich** handelt!)

a) Der elektrische Strom fließt nur, wenn der Stromkreis _____ ist.

b) Dem Unterschied des Wasserdrucks beim Austritt des Wassers aus der Pumpe und vor Wiedereintritt in die

Pumpe entspricht die elektrische _____

c) Der Wassermenge, die pro Sekunde durch den Rohrquerschnitt fließt, entspricht die elektrische

_____

d) Dem Druckverlust des Wassers durch die Turbine und durch die Reibung des Wassers entspricht der elektrische

_____

② Welche Formelzeichen und Maßeinheiten haben die elektrischen Grundgrößen?

Beschreibung der elektrischen Größe	Bezeichnung der elektrischen Größe	Formelzeichen	Maßeinheit	Kurz- zeichen
elektronenbewegende Kraft				
Menge der fließenden Elektronen je Sek.				
Behinderung des Elektronenflusses				

③ Welcher Zusammenhang besteht zwischen diesen Größen?

Die **Stromstärke** ist umso **größer**, je _____

_____

Daraus folgt:

$$\text{Stromstärke} = \frac{\qquad}{\qquad} \qquad I = \frac{\quad}{\quad}$$ (ohmsches Gesetz)

④ Wovon hängt die Größe des elektrischen Widerstands ab?

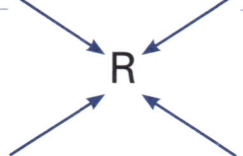

R

C Erzeugung von elektrischer Spannung

Voraussetzung für das Fließen eines elektrischen Stroms ist das Vorhandensein einer elektrischen Spannung. Diese kann auf unterschiedliche Weise erzeugt werden.

Ergänzen Sie die Tabelle.

	Art der Spannungserzeugung	Energie-umwandlung	technische Anwendung
1	Spannungserzeugung durch _____ _____ Prinzip: _____ _____ _____ _____ _____	_____ _____ ⇓ elektrische Energie Stromart: _____ _____	_____ _____ _____ _____ _____ _____ _____
2	Spannungserzeugung durch _____ _____ Prinzip: _____ _____ _____ _____ _____ _____	_____ _____ ⇓ elektrische Energie Stromart: _____ _____	_____ _____ _____ _____ _____ _____ _____
3	Spannungserzeugung durch _____ _____ Prinzip: _____ _____ _____ _____ _____	_____ _____ ⇓ elektrische Energie Stromart: _____ _____	_____ _____ _____ _____ _____ _____ _____

Bildelement 1 (Batterie): Kohlestab, Zink-becher, Elektrolyt-paste, Depolari-sator, Boden-isolation, +, −

Bildelement 2 (Generator/Spule mit Magnet): N, S, V

Bildelement 3 (Thermoelement): Kupfer, Konstantan, +, −, V

	Art der Spannungserzeugung	Energie-umwandlung	technische Anwendung
4 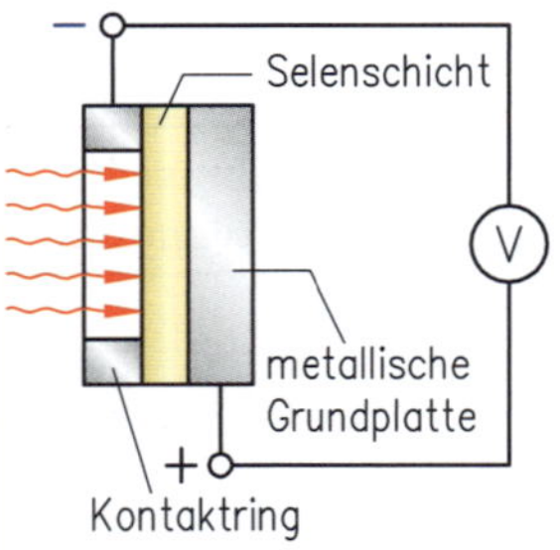	Spannungserzeugung durch _____ Prinzip: _____ _____ _____ _____ _____ _____	_____ _____ ↓ elektrische Energie Stromart: _____ _____	_____ _____ _____ _____ _____ _____ _____
5 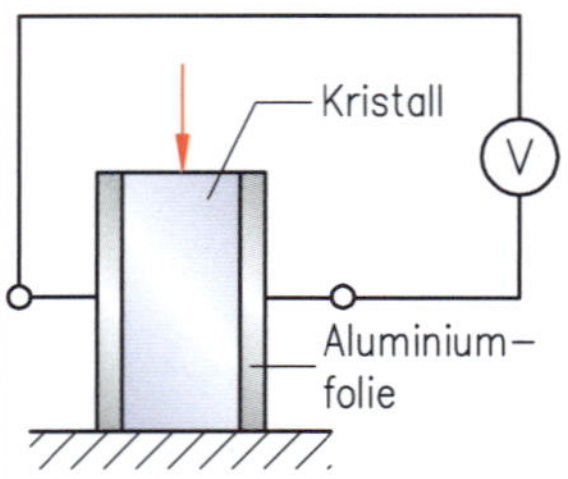	Spannungserzeugung durch _____ Prinzip: _____ _____ _____ _____ _____ _____	_____ _____ ↓ elektrische Energie Stromart: _____ _____	_____ _____ _____ _____ _____ _____ _____

Diagram 4 labels: Selenschicht, metallische Grundplatte, Kontaktring, V, −, +

Diagram 5 labels: Kristall, Aluminium-folie, V

D Verteilung von elektrischer Spannung

① Die im Elektrizitätswerk erzeugte Spannung ist für den Verbraucher viel zu hoch; sie muss deshalb auf niedrigere Spannungen transformiert (umgespannt) werden.
Notieren Sie über den „Freileitungen" die Fachbezeichnungen für die jeweiligen Spannungen.

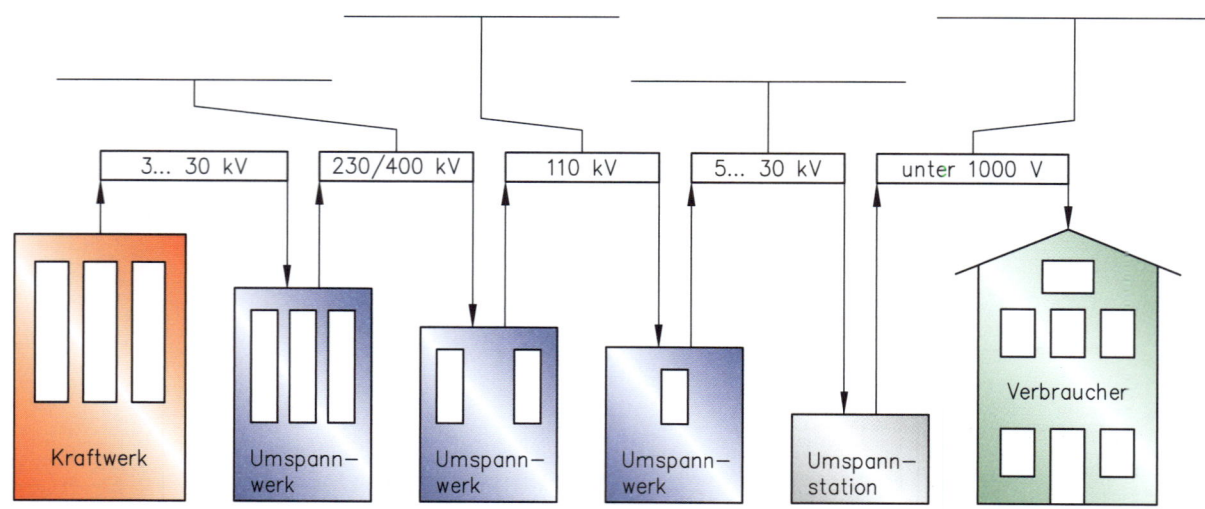

3... 30 kV · 230/400 kV · 110 kV · 5... 30 kV · unter 1000 V

Kraftwerk · Umspann-werk · Umspann-werk · Umspann-werk · Umspann-station · Verbraucher

(Die ursprünglich niedrigere Spannung beim Kraftwerk wird wegen des Stromtransports hochtransformiert.)

② Mit welcher genauen Spannung wird der Strom den Verbrauchern geliefert?

Verbraucherspannung: _____ V oder _____ V

E Chemische Spannungserzeugung

① Worauf beruht die chemische Spannungserzeugung?

Tauchen zwei unterschiedliche Metallplatten oder eine Metall- und Kohlenstoffplatte in einen Elektrolyten (stromleitende Flüssigkeit), so entsteht zwischen den unterschiedlichen Platten eine

_____

Man bezeichnet eine solche Anordnung zur Erzeugung einer elektrischen Spannung als

```
┌─────────────────────────┐
│                         │
└─────────────────────────┘
```

Für die erzeugte elektrische Spannung gilt:

```
┌──────────────────────────────────────────┐
│ Die elektrische Spannung ist umso größer, je │
│                                          │
│                                          │
└──────────────────────────────────────────┘
```

Ermitteln Sie die elektrische Spannung bei den galvanischen Elementen

Cu/Zn (s. oben): _____ V

C/Zn: _____ V (Taschenlampenbatterie)

Spannungsreihe:

Leiter	V
Gold	+1,50
Silber	+0,80
Kohle	+0,74
Kupfer	+0,35
Wasserstoff	**0**
Blei	−0,12
Zinn	−0,14
Nickel	−0,23
Kadmium	−0,40
Eisen	−0,44
Chrom	−0,56
Zink	−0,76
Aluminium	−1,68
Magnesium	−2,34

② Von den beiden Werkstoffen eines galvanischen Elements wird derjenige chemisch aufgelöst oder umgewandelt, der in der Spannungsreihe niedriger liegt (≙ Minuspol). Kennzeichnen Sie in der Skizze oben den Werkstoff mit X, der diesem Prozess unterliegt.

③ Wann endet die Spannung und damit der Elektronenfluss?

_____

④ Was versteht man unter einer Batterie und welchen Zweck hat sie?

Batterie = _____

Zweck: _____

_____

⑤ Was versteht man unter einem Akkumulator?

_____

_____

_____

Beispiele für Akkumulatoren: _____

F Reihenschaltung und Parallelschaltung

① Wie bezeichnet man die skizzierten Schaltungen? Welche Gesetze gelten dabei jeweils?

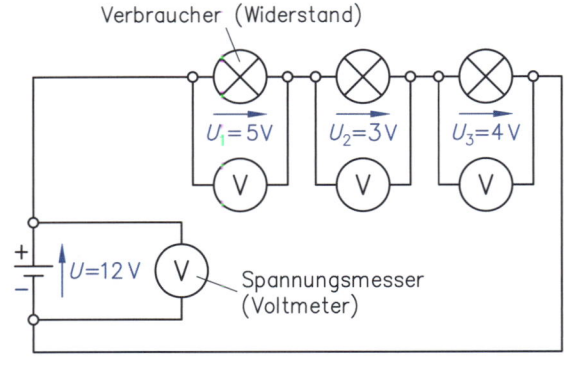

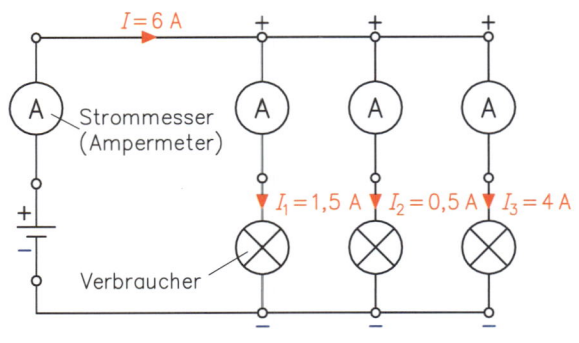

_____

_____

a) Bei dieser Schaltung ist die	a) Bei dieser Schaltung ist die
_____ überall **gleich**.	_____ überall **gleich**.

b) Für die Spannung gilt:

$U =$ _____

b) Für die Stromstärke gilt:

$I =$ _____

c) Für den Widerstand gilt:

$R =$ _____

c) Für den Widerstand gilt:

$$\frac{1}{R} = \frac{1}{\quad} \quad \frac{1}{\quad} \quad \frac{1}{\quad} \ldots$$

U ≙ Gesamtspannung
U_1 ≙ 1. Teilspannung; U_2 ≙ ...
R ≙ Gesamtwiderstand
R_1 ≙ 1. Einzelwiderstand; R_2 ≙ ...

I ≙ Gesamtstromstärke
I_1 ≙ 1. Teilstrom; I_2 ≙ ...

② Welche Vorteile hat die Parallelschaltung von Verbrauchern gegenüber der Reihenschaltung?

_____

_____

_____

_____

G Leistung und Arbeit

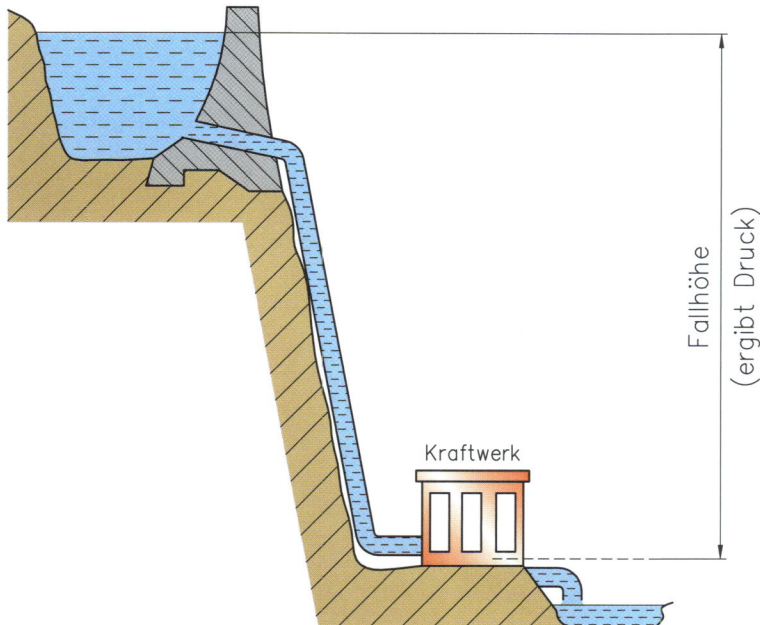

Fallhöhe (ergibt Druck)

Kraftwerk

① Erläutern Sie anhand der Skizze, wovon die Leistung der Turbine des Wasserkraftwerks abhängt.

1. _____

2. _____   **Turbinen-
leistung**

Vergleich mit dem elektrischen Stromkreis:

Wasserfallhöhe   ≙   _____

Wassermenge/sec   ≙   _____

② Für die elektrische Leistung gilt demnach:

Leistung = _____ • _____

   P = _____ • _____

Die elektrische Leistung P wird gemessen in _____ (___).

1 W = 1_____ • 1_____

③ Misst man die Zeit, in der eine bestimmte elektrische Leistung P erbracht wird, so spricht man von elektrischer Arbeit W. Für die elektrische Arbeit gilt demnach:

Arbeit = _____ • _____

   W = _____ • _____

Die elektrische Arbeit wird gemessen in _____ (_____) und in

_____ (_____).

1 Ws = 1_____ • 1_____   1 Ws wird auch
1 Joule (J) genannt.

1 kWh = 1000 _____ • 3600 _____ = 3600000 _____

H Fehlerquellen an elektrischen Anlagen

① Ab welcher Größe kann der elektrische Strom für den Menschen lebensgefährlich werden?

Lebensgefahr!  Stromstärke **über** _____ A (= _____ mA)

Spannung **über** _____ V   **Lebensgefahr!**

② Durch Mängel (z. B. an der elektrischen Isolierung) kann an einer elektrischen Anlage ein Kurzschluss, Erdschluss oder Körperschluss auftreten.
Ordnen Sie diese Begriffe den folgenden Skizzen zu.

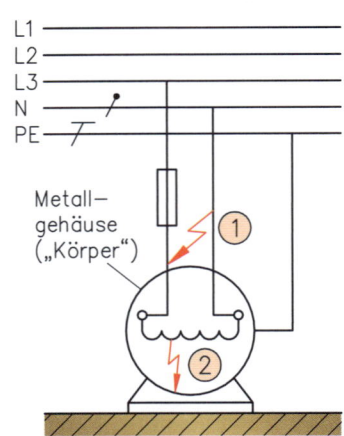

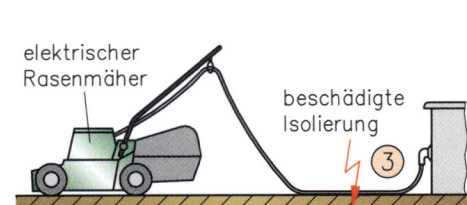

① _____

② _____

③ _____

I Sicherheitsvorkehrungen

① Welche Schutzmaßnahmen gegen lebensgefährdende Defekte an elektrischen Anlagen werden häufig angewendet?

a) _____

Prinzip: _____

b) _____

Prinzip: _____

c) _____

Prinzip: _____

d) _____

Prinzip: _____

② Die einzelnen Adern elektrischer Leitungen sind durch Farben gekennzeichnet. Was bedeuten die folgenden Farben?

230 V Wechselstrom	grün-gelb	
	hellblau	
	braun	
400 V Drehstrom	grün-gelb	
	hellblau	
	braun/schwarz/grau	

Berechnungen zum ohmschen Gesetz

Erläuterung und Formel zum ohmschen Gesetz siehe S. 100.

① Die Heizwicklung im Boden eines Wasserkochers hat einen elektrischen Widerstand von 26,9 Ω. Dadurch wird beim Stromdurchfluss die Heizwicklung stark erhitzt und Wärme an das Wasser abgegeben. Wie groß ist die Stromstärke, wenn der Wasserkocher an die Netzspannung von 230 V angeschlossen ist?

② Die Heizwicklung eines Lötkolbens muss einen bestimmten Widerstand haben. Wie groß ist dieser, wenn das Gerät an die Netzspannung angeschlossen wird und einen Strom von 0,35 A aufnimmt?

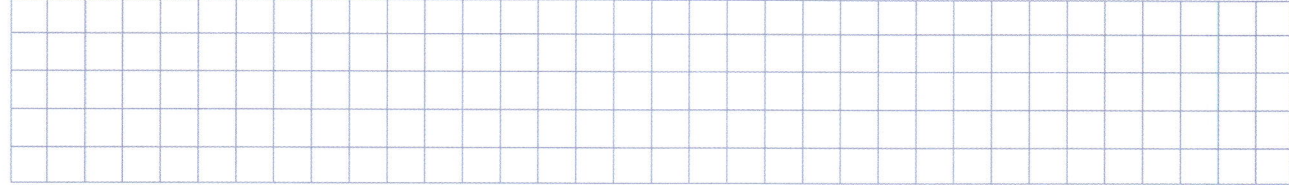

Berechnungen zur elektrischen Leistung

Erläuterung und Formel zur elektrischen Leistung siehe S. 105.

① Ein Radiogerät hat eine elektrische Leistung von 12 W. Welchen Strom (Stromstärke) nimmt es auf, wenn es an die Netzspannung angeschlossen ist?

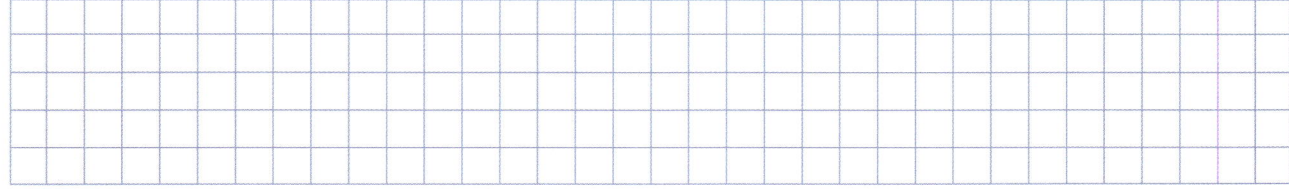

② Ein Lötkolben hat einen Widerstand von 700 Ω. Er ist an die Netzspannung angeschlossen. Wie groß ist die Leistung der Heizwicklung?

Berechnungen zur elektrischen Arbeit

Erläuterung und Formel zur elektrischen Arbeit siehe S. 105

① Eine LED-Lampe mit einer Leistung von 8 W ist an 5 Tagen jeweils 8 Stunden eingeschaltet. Berechnen Sie die elektrische Arbeit und die Kosten dafür, wenn eine Kilowattstunde 23,6 Cent kostet.
Der LED-Lampe mit 8 W Leistung entspricht in der Leuchtstärke eine frühere 40-W-Glühlampe. Berechnen Sie zum Vergleich die Kosten dieser Lampe.

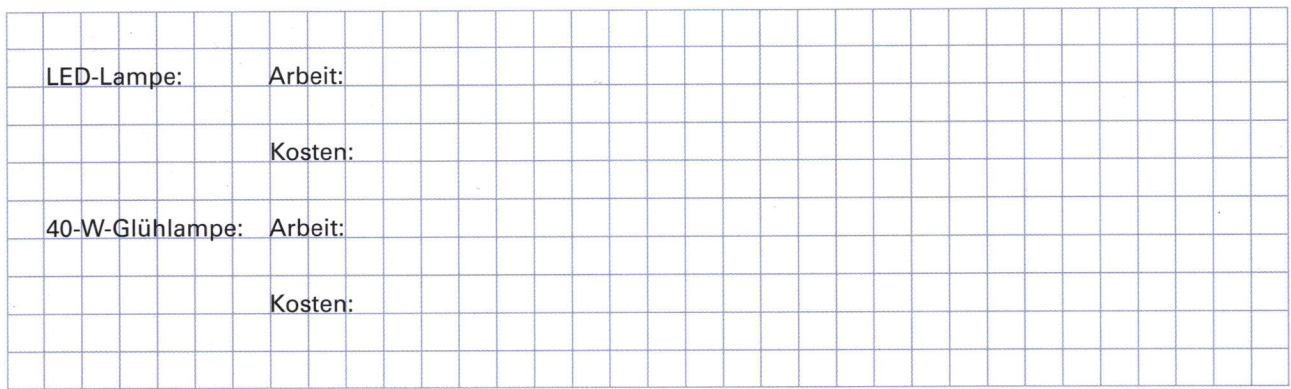

② Ein elektrisches Schweißgerät, eingestellt auf 200 A und 25 V, ist drei Stunden im Einsatz. Es hat einen Wirkungsgrad von 0,75 (≙ 75 %). Berechnen Sie die elektrische Arbeit in kWh und die Kosten bei einem Arbeitspreis von 18,7 Cent/kWh.

③ Der Antriebsmotor einer Fräsmaschine nimmt bei einer Spannung von 400 V einen Strom von 12,7 A auf. In welcher Zeit verbraucht der Motor 1 kWh?